111 Dinge, die man in Lüdenscheid getan haben muss

seltmann+söhne

111 DINGE DIE MAN IN Lüdenscheid GETAN HABEN MUSS

Inhaltsverzeichnis

Vorwort Frank Seltmann

111 Dinge, die man in Lüdenscheid getan haben muss?
Als die Lüdenscheider Nachrichten mir dieses Projekt vorstellten, habe ich zunächst einmal gestutzt. 111 Dinge? So viele?
Aber je mehr ich über die Einzelheiten erfuhr, desto mehr kam ich ins Staunen. Viele von diesen 111 Dingen habe ich tatsächlich selbst schon erlebt – manche sogar mehrfach und mit großem Vergnügen.
Andere werde ich mit Sicherheit schon bald ausprobieren.
Es bedurfte nur eines einzigen Gesprächs mit den LN-Projektleitern Willy Finke und Maike Förster, um mich zu überzeugen:
Aus der Zeitungsserie muss ein Buch werden. Ein Buch – um den Lüdenscheidern und ihren Gästen über den Tag hinaus aufzuzeigen, wie lebendig, vielseitig und spannend ihre Stadt ist. Und nicht zuletzt, um sie dazu zu animieren, die 111 Dinge selbst einmal zu erleben.
Denn das lohnt sich allemal.

Frank Seltmann

Gruß der Stadt Lüdenscheid

Das Sterncenter, das Kulturhaus und die Museen der Stadt – diese Orte hat wohl jede Lüdenscheiderin und jeder Lüdenscheider schon einmal besucht, um Einkäufe zu erledigen oder um Kultur zu genießen. Aber haben Sie schon mal beim allsonntäglichen Lach-Yoga mitgemacht, an einem Skat-Turnier teilgenommen oder beim Bücherflohmarkt in der Stadtbücherei nach alten Schätzen gestöbert? Haben Sie schon mal in Lüdenscheid gebrautes Bier getrunken oder im Wildgehege Mesekendahl Damwild gefüttert? Wenn nicht, dann sollten Sie dies unbedingt nachholen.
Mit der Serie „111 Dinge, die man in Lüdenscheid getan haben muss" geben die „Lüdenscheider Nachrichten" nicht nur Touristen, sondern auch alteingesessenen Lüdenscheiderinnen und Lüdenscheidern einen Leitfaden an die Hand, sich einmal auf ganz neue Weise mit unserer schönen, vielseitigen Stadt auseinanderzusetzen. Denn eine Stadt kann nur dann lebendig sein, wenn die Bürgerinnen und Bürger all ihre Angebote auch nutzen. Deshalb hat sich das „LN"-Team bemüht, die Bergstadt in all ihren Facetten als liebens- und lebenswerte Stadt darzustellen und dabei keinen Bereich auszulassen. Von der Kultur über den Sport, diverse Stadtspaziergänge, Feste und Feiern: alles ist vertreten. Nicht nur Lüdenscheid, sondern insbesondere die Lüdenscheider Bürgerinnen und Bürger selbst werden dargestellt.
Im Namen des Rates und der Verwaltung der Stadt Lüdenscheid danke ich den Mitarbeiterinnen und Mitarbeitern der „Lüdenscheider Nachrichten" für die Idee zu dieser besonderen Kolumne und vor allem für die Initiative, die 111 Freizeittipps zunächst in den „LN" und nun auch in Buchform zu präsentieren. Wer dieses Buch beziehungsweise die Serie gelesen hat, kann sagen:

Lüdenscheid ist alles – nur nicht langweilig.

Bei der Lektüre dieses Buches sowie bei den zahlreichen Aktivitäten, die nun darauf warten von Ihnen ausprobiert zu werden, wünsche ich Ihnen viel Vergnügen.

Lüdenscheid, im September 2012

Dieter Dzewas
Bürgermeister

Malerische Schauplätze

1. Folge: Den Adventsmarkt auf Schloss Neuenhof besuchen

111 DINGE DIE MAN IN Lüdenscheid GETAN HABEN MUSS

In und rund um Lüdenscheids schönste Kulisse findet traditionell an jedem dritten Adventswochenende ein großer vorweihnachtlicher Markt statt. Ort des Geschehens ist Schloss Neuenhof im malerisch gelegenen Mintenbecktal.
Das Wasserschloss mit seinen Nebengebäuden bietet vielfältige und stimmungsvolle Schauplätze für kulturelle und andere gesellschaftliche Aktivitäten. Der Adventsmarkt auf dem Vorhof und in der wettergeschützten Scheune des Schlosses ist einer der Höhepunkte im Veranstaltungskalender. Jährlich versetzen zwischen 30 und 40 Aussteller aus nah und fern die Besucher mit ihren Erzeugnissen in vorweihnachtliche Stimmung. Im Angebot sind kunsthandwerkliche Produkte aus Porzellan, Keramik, Ton, Holz, Metall und verschiedenen Textilien.
Die bäuerlich-ländliche Verarbeitungsweise steht hier im Vordergrund. Selbst gestrickte Wollsocken, gefilzte Taschen, Hüte, Jacken und andere Kleidungsstücke, Kuscheltiere mit duftender Kräuter- oder Getreidefüllung, extravaganter Schmuck aus Metall und Glas, Adventskränze und Weihnachtsbaumkugeln werden an den liebevoll gestalteten Ständen feilgeboten.
Aber auch kulinarisch gesehen ist der Adventsmarkt ein Muss. Ein breitgefächertes Angebot an Marmeladen, Konfitüren, Chutneys, Honig sowie Nuss- und Schokoladenzubereitungen aus „Mutters und Omas Küche" lockt die Leckermäuler. Freunde der herzhaften Gaumenfreuden können bei Wurst, Käse, Obst, Wildzubereitungen aus Reh-, Hirsch- und Wildschweinfleisch, Gewürzen, Ölen und Senf zugreifen. Natürlich wird auch Hochprozentiges wie Wein und Likör aus ländlichen Betrieben zum Kauf angeboten.
Und noch etwas ist längst zur Tradition geworden: Die Blaufichten und Nordmanntannen für das heimische Wohnzimmer erstehen viele Besucher auf dem Adventsmarkt am Wasserschloss.
Um sich während und nach dem Bummeln und Einkaufen zu stärken, gibt es an zahlreichen Buden und Ständen Grillspezialitäten, Reibekuchen mit frischem Apfelmus, Waffeln, Glühwein, Punsch und viele andere vorweihnachtliche Schmankerl zu kosten.

Maike Förster

Info:

Der Adventsmarkt am Schloss Neuenhof, Neuenhofer Straße, findet in jedem Jahr am dritten Adventswochenende statt. Einlass ist am Samstag ab 10 Uhr und am Sonntag ab 11 Uhr. An beiden Tagen schließt der Markt um 18 Uhr seine Pforten. Der Eintritt für Erwachsene kostet zwei Euro. Es bietet sich an, bis zum Parkplatz Bunte Brücke (Ecke Neuenhofer-/Brenscheider und Stillekingstraße) zu fahren und das Auto dort abzustellen. Für einen der recht wenigen Parkplätze in unmittelbarer Nähe des Schlosses muss der Besucher einen Euro Gebühr bezahlen. Zu Fuß kann man über das Werksgelände der Firma Hueck, Talstraße 105 (MVG-Linie 58, Haltestelle An der Schnappe) und die Neuenhofer Straße oder über die Freie Christliche Schule (MVG-Linie 46, Haltestelle Am Schäferland) und durch den Wald am Baukloh/Hüttenfeld gehen.

MAS

Kleine Erfolge, großer Spaß

2. Folge: Geocaching – die moderne Form der Schnitzeljagd

Die Begriffe sind verwirrend. Multi, Bonus, Traditional, Mystery. Was hinter diesen Kürzeln steckt, ist Geocaching, eine Art Schnitzeljagd und in jedem Fall ein großer Freizeitspaß. Dabei ist das System eigentlich ganz einfach. Übers Internet bekommt der Schatzsucher per Eingabe seiner Postleitzahl sämtliche Verstecke in der Gegend aufgelistet. Als „Teststrecke“ für Einsteiger eignet sich beispielsweise die Route an der Hokühler Bucht (Versetalsperre), auf der sechs feste und zwei Bonus-Verstecke verzeichnet sind.

Info:

Geocaching ist eine moderne Form der Schnitzeljagd, die mit einem GPS-Empfänger, aber auch mit detailliertem Kartenmaterial funktioniert. Diejenigen, die einen „Schatz“ verstecken (sogenannte Owner), geben die Koordinaten und kleine Orientierungshilfen der Verstecke (Caches) auf der zugehörigen Internetseite (www.geocaching.com) bekannt. Bei dem „Schatz“ handelt es sich zumeist um eine wasserdichte Box, in der sich ein Logbuch und/oder ein Tauschgegenstand befindet. Jeder Besucher trägt sich unter einem registrierten Pseudonym in das Büchlein ein, um seine erfolgreiche Suche zu dokumentieren. Anschließend wird der „Schatz“ wieder an der Stelle versteckt, an der er zuvor gefunden wurde.
Der Fund wird im Internet vermerkt. Rund 1,4 Millionen aktive Caches gibt es weltweit (Stand Juni 2011), in Deutschland sind es rund 200 000.
Und wer Lüdenscheid als Such-Ort eingibt, bekommt immerhin mehr als 6300 Verstecke aufgelistet.

Vom Wanderparkplatz an der Klamer Brücke aus geht es – mit dem GPS-Empfänger und dem Routen-Ausdruck in der Hand – auf den Rundweg, der eigentlich sehr vertraut ist, mit dem Blick des Suchenden aber voller Überraschungen steckt. Die genannten Koordinaten führen in die erste scharfe Linkskurve, in der Geübte gleich mit dem ersten Blick entlang am Wegesrand das Versteck ausmachen: Hinter einer Baumwurzel liegt eine kleine schwarze Filmdose. In ihr: ein daumengroßes Büchlein, in das sich an diesem Tag schon vier Finder eingetragen haben. Logbuch rein, Dose zu und zurück damit hinter die Wurzel. Aber bitte so, dass es keiner bemerkt. Denn: Geocaching setzt auf Geheimniskrämerei.
Außenstehende, sogenannte Muggel, dürfen vom immer währenden Finden und Verstecken möglichst nichts mitbekommen, damit niemand aus Neugier oder Schadenfreude zum Spielverderber wird. So mancher Muggel dürfte sich aber bereits gewundert haben, warum erwachsene Menschen beispielsweise eine Bank in der Altstadt Zentimeter für Zentimeter untersuchen, bis sie etwas finden.
Nicht immer stellt sich der Erfolg gleich ein. So gibt es auch Rätsel-Caches, in der erst die Zahlen der Lösung, beispielsweise die Antwort auf die Frage „Wie groß ist der Speicherraum der Versetalsperre?“, die Koordinaten des nächsten Verstecks liefern. Wer die Lösung nicht kennt, muss aufgeben – oder andere Suchende treffen, die per Smartphone im Internet die Antwort recherchieren.

Corinna Bunte

PROFESSIONAL
Name

Jeder kann ein Leben retten

3. Folge: Blutspende - Kleiner Pieks, große Wirkung / Rund 300 Spenden an einem Tag

Der Duft frischer Reibekuchen weht über den Hof, Gelächter dringt durch ein gekipptes Fenster, ein junger Mann tritt aus der Tür und grüßt freundlich. Wer jetzt noch zweifelt, ist selbst schuld. Denn: Ein Blutspendetermin im DRK-Heim an der Hochstraße hat so gar nichts von ungeliebtem Arztbesuch. Wer hier herkommt, ist mittendrin im Geschehen, das nicht nur Leben rettet, sondern auch Freude schenkt. Bis zu 50-mal im Jahr ruft der Blutspendedienst West des Deutschen Roten Kreuzes zu Spendeterminen in Lüdenscheid auf. Der größte Teil findet an der Hochstraße und in Brügge statt, 200 bis 300 Menschen sind es in der Regel, die an einem Tag hierher kommen. Freiwillig, unentgeltlich. Auf die Frage „Warum spenden Sie?“ lautet die wohl treffendste Antwort: „Weil ich dann das gute Gefühl habe, ein Lebensretter zu sein.“ Denn alle vier Minuten braucht ein Mensch in Deutschland ein Blutprodukt. Und das lässt sich eben nicht künstlich herstellen. Zudem haben Mediziner immer mehr Möglichkeiten, Menschen zu helfen, beispielsweise in der Krebsbehandlung oder durch Organtransplantationen – aber eben nur, wenn ausreichend Blutkonserven zur Verfügung stehen.

Das Blut, das bei einer Spende entnommen wird, ist das so genannte „Vollblut“. Es setzt sich aus verschiedenen Bestandteilen zusammen und kann zu verschiedenen Produkten verarbeitet werden, die ganz gezielt verabreicht werden: Rote Blutkörperchen werden beispielsweise bei großem Blutverlust, bei Operationen oder bei Blutarmut eingesetzt; Blutplättchen helfen zum Beispiel Leukämiekranken während einer Chemotherapie; Plasma wird bei Gerinnungsstörungen benötigt oder als Ausgangsstoff für Arzneimittel verwendet. Ein halber Liter des vollen „Lebenssaftes“ wird jedem Spender entnommen – 150 Liter Vollblut kommen in der Regel bei einem erfolgreichen Spendentermin zusammen. Gespannt, nervös und vielleicht etwas ängstlich sind alle, die zum ersten Mal Blut spenden. Doch neben der Sicherheit, einem Mitmenschen zu helfen, nimmt jeder auch etwas für sich mit: Die ärztliche Untersuchung vor der Spende, der persönliche Unfallhilfepass, die Bestimmung der eigenen Blutgruppe sind nur einige Gründe zu spenden. Ein weiterer ist die Gemeinschaft. Denn nach der Entnahme freuen sich die DRK-Helfer darauf, die Spender bewirten zu dürfen. Hier trifft man sich, plaudert – und genießt das gute Gefühl, ein Lebensretter zu sein.

Corinna Bunte

Info:

800 bis 1000 Spenden benötigt der DRK-Blutspendedienst West täglich, um zumindest einen Großteil der Anfragen von mehr als 130 Kliniken, Krankenhäusern und Arztpraxen der Region bedienen zu können.
280 000 Blutbestandteilprodukte werden jährlich in Hagen angefordert – dort, wo auch das Blut der Lüdenscheider Spender landet.
Zu fast 50 Terminen ruft das DRK im Jahr die Bergstädter auf.
Weitere Infos: www.blutspendedienst.west.de.

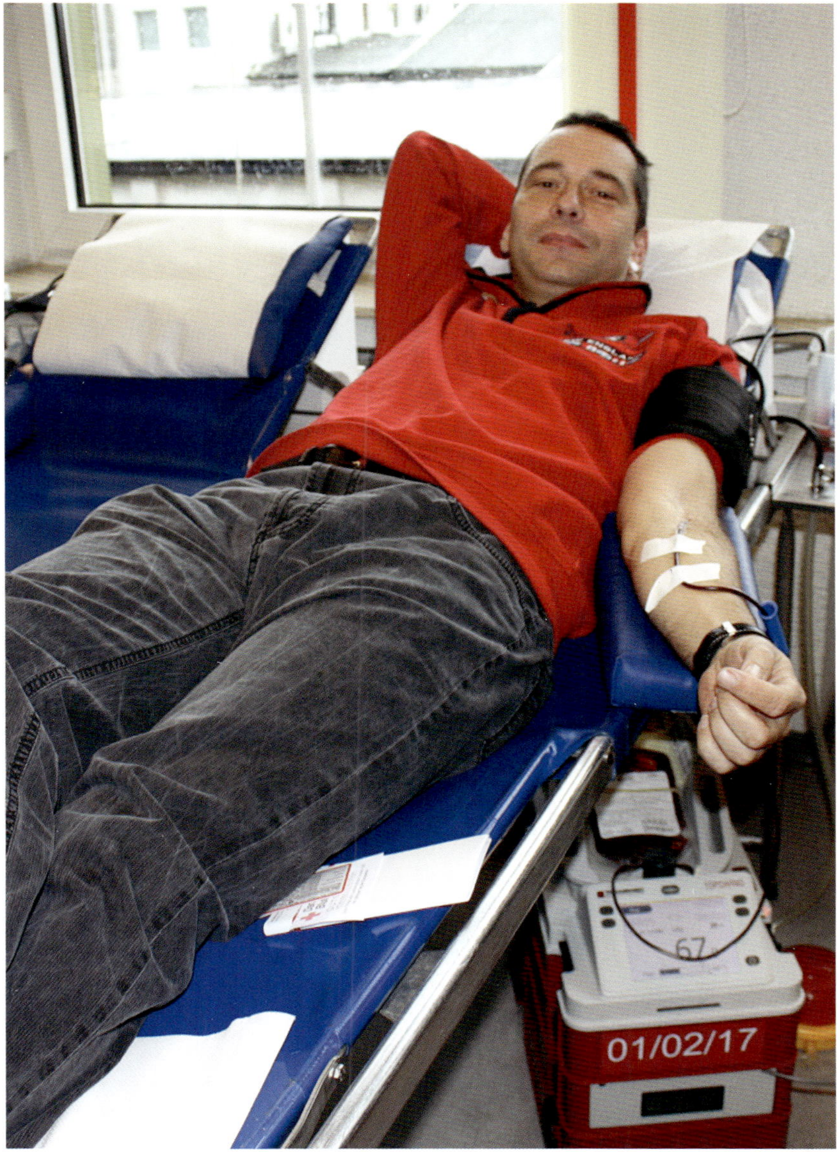
01/02/17

Ein eisiges Vergnügen

4. Folge: Die Eisbahn und der Lüdenscheider Weihnachtsmarkt haben reichlich Flair

111 DINGE DIE MAN IN Lüdenscheid GETAN HABEN MUSS

Frostige Temperaturen, bunte Lichter, ein glitzerndes Parkett aus gefrorenem Wasser und knirschende Kufen – das ist eine Wonne für jeden Eisläufer. Und wenn das alles auch noch unter freiem Himmel zu finden ist, mit Weihnachtsmarkt-Büdchen im Hintergrund und dem Geruch von Glühwein, Bratwürstchen und gebrannten Mandeln in der Luft, dann ist die Trauer darüber, dass man sich den Kurztrip zum Weihnachtsshopping und Eislaufen nach New York nicht leisten kann, vielleicht nicht mehr ganz so groß.

Gut, die Lüdenscheider Eisbahn ist kleiner als die in der amerikanischen Millionenstadt – aber eben doch auch fein. Und sie beschert den großen und kleinen Bergstädtern in der Vorweihnachtszeit ein eisiges Vergnügen. Besonders in den Abendstunden zieht es bei gutem Wetter viele Schlittschuhläufer auf den Rathausplatz. Stimmungsvolle und schmissige Melodien aus den Lautsprechern schaffen eine beschwingte Atmosphäre, die ins Bein und dann auch in die Kufen geht.

Sehen und gesehen werden lautet das Motto: Manche kommen auch einfach nur, um den Eisläufern eine Weile zu zuschauen. Diese können sich also einiger bewundernder Blicke gewiss sein. Und auch wenn die Pirouette noch nicht meisterlich aussieht und man den doppelten Lutz niemals wagen würde – wen stört das schon? Hier geht es nicht um Perfektion, nicht um Medaillen, sondern um Spaß und ein bisschen Einstimmung auf das nahende Weihnachtsfest.

Schausteller Hartmut Langhoff betreibt die Lüdenscheider Eisbahn bereits seit fünf Jahren: „Von Jahr zu Jahr kommen auch immer mehr Leute aus den umliegenden Städten hierher", sagt er. Zum Beispiel aus Halver, Neuenrade, Schalksmühle oder Plettenberg. Und: Er habe viele Stammkunden. Vor allem Schüler, die fast täglich nach der Schule ihre Runden drehen.

Gleich nebenan lockt der Weihnachtsmarkt auf dem Sternplatz. Der ist zwar überschaubar, doch bietet er mit reichlich Bratwurst, Glühwein und anderen herzhaften Leckereien die Zutaten für einen gemütlichen Abend. Und so treffen sich Freunde, Bekannte und Arbeitskollegen, um mit der einen oder anderen Tasse anzustoßen. Dazu gibt's Dekoratives sowie Crêpes und eben auch die nicht wegzudenkenden gebrannten Mandeln. Und das hat ja wohl keine Eishalle der Welt zu bieten.

Lisa Weber

Info:

Insgesamt 300 Schlittschuhe stehen zum Ausleihen bereit – von Größe 26 bis 48. Das kostet pro Paar 2,50 Euro. Für eine Stunde Schlittschuhlaufen zahlen Kinder zwei Euro, Erwachsene zahlen drei Euro. Wer selbst Schlittschuhe besitzt, kann diese natürlich mitbringen – und gegen einen kleinen Aufpreis schleifen die Profis die Kufen sogar. Die Eisbahn ist werktags von 13 bis 21 Uhr geöffnet, am Wochenende jeweils von 11 bis 21 Uhr.

COMMERZBANK

Was wir im Alltag übersehen

5. Folge: Ein Besuch in der Städtischen Galerie an der Sauerfelder Straße

111 DINGE DIE MAN IN Lüdenscheid GETAN HABEN MUSS

Je nachdem, zu welcher Tageszeit man die Städtische Galerie an der Sauerfelder Straße betritt, schlägt einem nicht nur wohlige Wärme, sondern auch der Duft von frischem Kaffee aus dem Museumscafé entgegen. Im Grunde ist das Gebäude zweigeteilt. Wendet man sich nach rechts, gelangt man zum Geschichtsmuseum der Stadt. Linker Hand beherrschen Installationen und Malerei die Szenerie. Und was sofort ins Auge fällt, sind Stühle.

„Stühle" so sagt Galerieleiterin Hilke Gesine Möller, seien ein Sammlungsschwerpunkt ihres Vorgängers Uwe Obier gewesen. Die Stühle, die in der Halle stehen, sind allerdings nur eine Auswahl derer, die die Galerie besitzt. Einige weitere befinden sich heute im Depot. Sitzen allerdings darf man auf den allerwenigsten.

Das Ensemble des Künstlers Richard Wake zum Beispiel ist augenfällig aufgebaut. Stuhl und Tisch sind wesentliche plastische Elemente im Gesamtwerk des Künstlers. Immerhin gilt der Stuhl in der Kunst als Symbol physischer und psychischer menschlicher Eigenschaften und Grunderfahrungen. Die Stühle des Ensembles überragen ihren Betrachter. Genug Raum also für eigene Interpretationen: Erhaben, wer darauf sitzt und auf andere herabschaut, vielleicht sogar erleuchtet ist. Ein gekröntes Haupt, das andere überragt, Hochmut, Stolz, Macht, Kontrolle – der Assoziationen gibt es viele. Der Künstler lenkt den Blick auf das, was wir im Alltag gern und oft übersehen – Stühle, zum Beispiel. Das Stuhl-Ensemble in schwarz und weiß appelliert an die Phantasie. Es ist der klassische „Drahtseilakt" zwischen Mehrdeutigkeit und dem Rätselhaften, der der Kunst oft anhaftet.

Doch Exponate wie das des Künstlers Wake sind es nicht, die die Besucher anlocken. Eher die schnelle Folge wechselnder und gleichsam hochwertiger Ausstellungen, die oftmals von Katalogen begleitet werden. Manche, sagt Museumsleiter Dr. Eckhard Trox, sind Ladenhüter, andere wiederum in aller Eile vergriffen: „Das ist für uns eigentlich das Beste, wenn wir sagen können: Tut uns leid, der Katalog ist ausverkauft!"

Die Städtische Galerie setzt auf Themenausstellungen, oft subventioniert durch Drittmittel, liebevoll unterstützt mit Sponsorengeldern. Nur durch Dauerausstellungen wären die Besucherzahlen verheerend gering. Der frische Wind, den Galerieleiterin Hilke Gesine Möller hinter die gläserne Fassade schickte, beschert einschließlich des Geschichts- und Schmiedemuseums durchschnittlich 40 000 Gäste im Jahr. Menschen, die vielleicht „nur" die Galerie besuchen, um eine bestimmte Ausstellung zu durchwandern, bei der Gelegenheit aber ohne Zweifel den einen oder anderen Blick auf Richard Wakes Stuhlensemble werfen. Auch wenn sie nur zufällig daran vorbei kommen...

Jutta Rudewig

Info:

Städtische Galerie in den Museen der Stadt, Sauerfelder Straße 14,
Tel.: 0 23 51/17-14 96, E-Mail: museen@luedenscheid.de,
Öffnungszeiten: täglich, außer montags, von 11 bis 18 Uhr.

Mit zwei geliehenen Lautsprechern fing alles an

6. Folge: Eine Vorstellung der CVJM-Bühnenmäuse besuchen.
Aus Singteam wird hochambitionierte Theatertruppe

Bei einem Besuch der CVJM-Bühnenmäuse gibt es viel zu lachen. Die Verwechslungs- oder Kriminalkomödien, Märchenstücke und Theaterklassiker haben in der Regel viel Lokalkolorit, was die Lüdenscheider seit Jahren sehr zu schätzen wissen. Staubtrocken eingestreute Bemerkungen, Pointen und amüsante Dialoge geben den Stücken das besondere Etwas. Die Darbietungen leben von liebenswürdigen Figuren, Wortwitz, Situationskomik und oft auch Nostalgie.
Was einst als reiner Freizeitspaß begann, zählt heute zu den festen Bestandteilen der Lüdenscheider Theaterkultur. Im Jahre 1983 begann das damalige Singteam des CVJM Lüdenscheid-West auf einer Freizeit in Hunswinkel an der Listertalsperre mit dem Theaterspielen.
Nachdem das Programm ausgearbeitet worden war, war eine einmalige Aufführung beim CVJM-Country- und Westernfest geplant. Ein paar Zimmerstrahler, ein Kassetten-Recorder und zwei geliehene Lautsprecher bildeten die technische Ausstattung für die aus Sketchen und Musik zusammengestellte Eigenproduktion. Motiviert durch die gute Stimmung und die Begeisterung des Publikums folgte ein Jahr später die Aufführung von „Mit Volldampf durch den Herbst". Damit war die Theatergruppe „Die Bühnenmäuse" geboren.
Die Aufführungen wurden in den Folgejahren immer professioneller. Der Erfolg sprach sich herum – und das Ensemble erhielt Auftrittsbuchungen weit über Lüdenscheids Grenzen hinaus. 1989 wurde die Eigenproduktion „Neues von der Titanic" sogar beim Kulturfestival „Hausgemacht" im Kulturhaus gespielt.
Das Jahr 1993 brachte eine Neuerung. Die erwachsenen Schauspieler bekamen Konkurrenz – die „Mini-Bühnenmäuse" gaben ihr Debut mit dem Stück „Der Weihnachtsmann im Gefängnis".
Mit „Brave Diebe" wagte sich das Ensemble der „Bühnenmäuse" im Jahre 1991 erstmals mit einer Kriminalkomödie auf die Theaterbühne.
Das erste „richtige" Bühnenbild erhielten die Bühnenmäuse vom Fritz-Remoend-Theater in Frankfurt. Es folgten Verwechslungskomödien, Märchenstücke und Theaterklassiker. Auch den Klassiker des Ohnesorg-Theaters „Tratsch im Treppenhaus" inzenierten die Bühnenmäuse im Jahre 2002 mit Erfolg.
Mit dem Stück „Männer sind auch bloß Menschen" hob sich bereits im 29. Jahr der Vorhang für die Amateurdarsteller der CVJM-Bühnenmäuse. Es hatte am 11. November 2011 Premiere.
Jedes Jahr aufs Neue bringt das Ensemble ein turbulentes und humorvolles Stück auf die Bühne. Der gesamte Erlös aus dem Ticketverkauf kommt dem Ausbildungsprojekt des CVJM in Kenema (Sierra Leone) zugute. In der Regel finden die Aufführungen im CVJM-Heim, Mathildenstraße 30, statt. Das Ensemble kann aber auch gebucht werden.

Christina Grégoire

Willkommen
liebe Gäste
AUTOHAUS

Das Ehrenmal als Spielplatz

7. Folge: Mit Wolfgang Schumacher über die Lüdenscheider Geschichte sprechen

Die Börsenstraße, die einst die Kölner Straße kreuzte, um in die Sauerfelder Straße zu münden. Verkehrspolizisten, die den Verkehr am Straßenstern regelten. Blanke Wiesen mit Gehöften, wo später ganze Stadtteile entstanden: Ein Gespräch mit Wolfgang Schumacher bringt viele spannende Aspekte des Lebens in Lüdenscheid ans Tageslicht, Aspekte von heute und aus früheren Jahrzehnten. Jede Plauderei über Veränderungen wird zu einer Hommage an die Stadt, die er wegen ihrer überschaubaren Größe mag, aber auch, weil „das Angebot so vielfältig und breit gefächert ist, dass jeder etwas findet".

Schumacher erzählt, welches Gebäude wo stand, wo Straßen einst verliefen, ernste und humorvolle Geschichten aus dem Alltag, ohne verklärende Nostalgie. „Manche Villa wäre vielleicht erhaltenswert gewesen", sagt er: „Aber wer sollte sie erhalten? Ich könnte auch bedauern, dass Haus Dicke weg ist." Wer heute das Stadtzentrum sehe, erkenne, dass der Abriss nötig war. Wesentliche Veränderungen stellen die Wohngebiete dar, die wegen des Wohnraummangels nach dem Zweiten Weltkrieg und wegen moderner Anforderungen ans Wohnen entstanden. Auch der Rathaustunnel ist wichtig. „Der hat das Stadtbild massiv verändert." Deshalb falle es jüngeren Leuten schwer, sich vorzustellen, wie die Straßen früher verliefen. Gegenüber der Firma P. C. Turck, auf dem heutigen Eselsrücken, an der Ecke Altenaer und Bahnhofstraße, war ein Villengrundstück. „Die Doppelvilla war für damalige Verhältnisse spektakulär."

Bilder beginnen im Kopf des Zuhörers zu rotieren: Vereine als Zentrum von Freizeitaktivitäten, Gaststätten als Treffpunkt, weil Wohnungen klein waren. Die Krönung von Königin Elisabeth als erstes Fernseherlebnis unterm Dach des Rohbaus des Geschäftes Krause. Die ersten Pommes Frites beim ersten Schnellimbiss an der Kluser Straße. Die Geschichte, die er selbst erlebt hat, ist für Schumacher besonders spannend. Sie wird gespickt mit Anekdoten aus dem eigenen Leben. Im Dialog mit dem Gesprächspartner wird sie lebendig – auch Schumacher erfährt gern Neues. Er weiß auch viel über das Lüdenscheid vor seiner Zeit: Der Rathausplatz – die ehemalige Pastorenweide – wurde mit dem Bau des Postamtes 1866 bedeutend. Seit 1880 war der Bahnhof nicht weit weg, mit der Poststraße (heute Martin-Niemöller-Straße) als Verbindung, die entlang des Platzes bis zur Knapper Straße führte.

Auch einen Lieblingsort hat Wolfgang Schumacher: „Ich halte immer noch viel vom Ehrenmal." Als Kind tobte er oft mit anderen Kindern darauf herum. Aber das Faszinierende für ihn ist der Blick von dort über die Stadt, von der Christuskirche bis zum Nattenberg. Heute lässt sich der Blick nur noch durch kahle Äste im Winter erahnen.

Bettina Görlitzer

Info:

Wolfgang Schumacher, Jahrgang 1942, ist bekannt durch die Serien „Lüdenscheid gestern und heute" und „1000 Grüße aus der Sammlung Schumacher" in den Lüdenscheider Nachrichten.
Seine Artikel beschäftigen sich mit seiner Heimatstadt und deren Umgebung und basieren auf Bildern – Postkarten und Fotografien – aus seiner umfangreichen Sammlung.

Lüdenscheid
Krankenhaus m. Schwesternheim

Eingeschworene Fans

8. Folge: Ein Spiel der Baskets Lüdenscheid besuchen

Nur noch 20 Sekunden. 20 Sekunden, die über alles entscheiden.
Die Zuschauer hält nun nichts mehr auf den Sitzbänken der Tribüne.
Die Stimmung ist angespannt. Alles ist noch offen an diesem Samstag im November 2011 – und in der letzten Sekunde dreht sich der Spielstand tatsächlich noch einmal. Nikola Bilos trifft mit einem Dreier zum 76:75-Sieg der 1. Herrenmannschaft der Baskets Lüdenscheid gegen den RC Borken-Hoxfeld. Spieler, Trainer und Fans liegen sich in den Armen und feiern überschwänglich den ersten Sieg der Herren in einem Ligaspiel seit fast einem Jahr. Entschädigt sind die Baskets-Anhänger für die lange Durststrecke ohne zählbaren Erfolg und Siegesfeier.
Jetzt steigt die Party - ohne zurückzuschauen oder über den nächsten Spieltag nachzudenken.
Wer am Wochenende den Nervenkitzel nur auf den Fußballplätzen in „Lüdenscheid-Nord“, Bochum oder Schalke vermutet, weiß nicht, dass es auch in der heimischen Halle Stadtpark hochklassigen Sport und jede Menge spannender Momente gibt.
Das Baskets-Team um Trainer Amir Hujic hat seine eingeschworenen Fans - und die zeigen ihre Treue in guten und in schlechten Zeiten. Man kennt sich: Auf den Zuschauerrängen begrüßen sich die Fans mit Handschlag, gemeinsam wird jeder Spielzug kommentiert, der Nachwuchs übt derweil am Spielfeldrand den Korbleger und freut sich über jeden Treffer der in jeder Hinsicht großen Vorbilder.
Nach dem Spiel üben die „Profis“ mit den Baskets-Spielern von morgen. Berührungsängste gibt es hier nicht. Die Spieler sind Helden zum Anfassen. Während der Spiele der Baskets herrscht familiäre Stimmung bei belegten Brötchen, Bier und Cola, die in den Pausen an der improvisierten Theke in der Sporthalle verkauft werden.
Elegant kommt der Sport hier daher, böse Fouls gibt es so gut wie nie. Jeder Verstoß wird rigoros geahndet. Wer sich krümmende oder blutende Spieler sehen möchte, ist hier falsch und sollte eher das Fußballstadion oder das Oval der Eishockey-Arenen besuchen.
Verhalten klingt der Jubel nach den Körben der eigenen Mannschaft, die eben längst nicht so rar sind wie die Tore beim Fußball. Und doch kann zuweilen ein einzelner Wurf auf den Korb ein ganzes Spiel entscheiden.

Thomas Krumm

Info:

Unter der Webadresse http://www.baskets-lüdenscheid.de finden Fans und Interessierte viel Wissenswertes über die Baskets Lüdenscheid.
Neben Spielplänen und Tabellen gibt es ein umfangreiches Bild- und Spielberichtarchiv.

10
LENZKAMPER

TF-1000

„In Gesellschaft der Götter“

9. Folge: Sonntags beim Lach-Yoga im Selbsthilfezentrum mitmachen

111 DINGE DIE MAN IN Lüdenscheid GETAN HABEN MUSS

Eine der schönsten und einfachsten Sprachen der Welt ist das Lachen. Es verbindet und öffnet nicht nur sinnbildlich Türen.
Diese Türen öffnen sich an jedem zweiten Sonntag eines Monats in einem ganz besonderen Club der Stadt. Und hinter diesen Türen wird gelacht, was das Zeug hält. Worte werden dort einfach durch Lachen ersetzt. Wie zum Beispiel bei einem imaginären Begrüßungszeremoniell, bei dem jeder der Teilnehmer des Lach-Yoga-Clubs mit Lachen in den unterschiedlichsten Facetten eine Unterhaltung führt. Oder ‚Lachpfeile‘ werden abgeschossen.
Das Ganze hat viel mit Pantomime zu tun. Lustig sieht es auf jeden Fall aus. Auch wenn einem selbst gerade nicht nach Lachen zumute ist – irgendetwas setzt diesen Impuls dann doch in Gang und man macht einfach mit.

Info:

Lach- Yoga findet an jedem zweiten Sonntag des Monats von 17.30 bis 18.30 Uhr im Selbsthilfezentrum, Freiherr-vom-Stein-Straße 20 (schräg gegenüber vom Kulturhaus), statt.
Informationen gibt es unter Tel. 0 23 51 / 5 49 54 bei den Moderatoren Kordula und Helmut Lüttringhaus.

„Wer lacht, befindet sich in der Gesellschaft der Götter“, heißt es im Buddhismus. Und dass Lachen die beste Medizin ist, weiß der Volksmund seit langem. Lachen ohne Grund und dazu Yoga – der Gedanke ist anfangs schon ein wenig seltsam. Aber wer es einmal erlebt hat, fühlt sich danach leicht wie eine Feder. Grimassen ziehen wie ein Löwe, lachen und dem Anderen dabei in die Augen sehen – das lässt einen wieder Kind sein. Albernheit kommt hoch, ein Gefühl von Leichtigkeit und Unbeschwertheit. Es macht einfach Spaß.
Atemübungen und ein Auflockern des Körpers gehören beim Lach-Yoga dazu. Mit Klopfübungen wird der Schalk im Nacken geweckt, die Thymusdrüsen werden aktiviert, dem „Genie im Knie“ wird Beachtung geschenkt. Und wenn dann die Pantomime hinzukommt, springt der Funke schnell über. Es fühlt sich an, als bestünde man aus tausenden Glückshormonen. Und wissenschaftlich belegt ist ja auch, dass schon das Hören von Lachen spezielle Nervenzellen in Gang bringt. Der Kreislauf läuft auf Hochtouren, die Atmung wird absolut gefordert, und auch die Muskeln haben zu tun. Manche Leute hatten sogar schon Muskelkater vom Lachen.
Auf jeden Fall lässt sich mit Lachen schlechte Laune und auch Kummer oder Angst auflösen. Es ist schon ein Phänomen, wie für einen gewissen Zeitraum die Probleme und Sorgen „weggepustet“ werden. Und eine Minute Lachen soll genauso gesund sein wie zehn Minuten Joggen.

Monika-Marie Finke

Über den Dächern der Stadt

10. Folge: Eine Nacht im Mercure-Hotel verbringen / Ferien vom Alltag

Wenigstens mal ein paar Stunden Ferien vom Alltag – wer möchte das nicht gern? Dazu muss man nicht unbedingt verreisen.
Gepflegt zu Abend essen, dann vielleicht ein Stündchen kegeln, anschließend ab in die Sauna und ein paar Runden im 27 Grad warmen Wasser des Swimmingpools über den Dächern von Lüdenscheid drehen; schließlich noch auf ein Pils oder einen Cocktail in die Bar, bevor es ins Bett geht: Wenn das kein reizvolles Feierabend-Programm ist.
Das kann man alles völlig problemlos machen. Direkt vor der Haustür. Im Mercure-Hotel an der Parkstraße. Und das ist sogar recht erschwinglich.
Seit 1974 gibt es dieses elfstöckige Hotel, welches das Grün des Stadtparks so imposant überragt. Das Haus hat eine bewegte Vergangenheit und trug bereits viele Namen: Hollstein, Crest, Ramada, Queens und nunmehr seit den 90er-Jahren Mercure. Zurzeit wird das Gebäude gründich renoviert. Das Ergebnis kann sich wahrlich sehen lassen.
Sehr hell, aufgeräumt und freundlich wirkt nicht nur der Restaurantbereich. Auch in den Zimmern mit ihrer phantastischen Aussicht auf Stadt oder Stadtpark bekommt man keine Platzangst. Dazu trägt nicht nur die raumbreite Fensterfront bei, sondern auch die Tatsache, dass fast alle Zimmer mit Balkons ausgestattet sind, die während der Sommerzeit sogar mit Tischen und Stühlen versehen werden.
Zur Ausstattung der Räume gehören Flachbildfernseher, für die man erfreulicherweise keine Lupe braucht, sowie Wasserkocher samt Tee- und Instantkaffeebeuteln. Die Handtuchhalter im Bad sind beheizt, der separate Kosmetikspiegel schwenkbar. Die Ablageflächen dort sind allerdings für zwei Personen deutlich zu gering dimensioniert.
Das überwiegend sehr freundliche und bestens geschulte Personal von Rezeption und Restaurant gibt dem Gast das Gefühl, willkommen zu sein.
Das Frühstücksbüfett entspricht dem Standard eines gehobenen Mittelklassehotels – inklusive Kaffee, Cappuccino und Latte Macchiato zum „Selbstzapfen".
Wer abends in das Restaurant einkehrt, darf sich auf eine Speiseauswahl freuen, die zu bodenständigen Preisen auch gehobenen Ansprüchen genügt. Folgt man den Tagesempfehlungen der Kellnerin, wird man nicht enttäuscht werden. Apropos Preise: Die Speisen sind bestens gewürzt. Da bedürfte es nicht der gesalzenen Getränkepreise – wie 4,70 Euro für 0,4 Liter Warsteiner.

Willy Finke

Info:

Das Mercure-Hotel Lüdenscheid verfügt auf elf Etagen über 170 Zimmer (90 Doppel- und 43 Einzelzimmer, 28 Komfort-Doppelzimmer und neun Suiten). Die Preise inklusive Frühstück: Standard-Einzel- und Doppelzimmer wochentags 79, am Wochenende 69 Euro; Komfort-Doppelzimmer 91/81 Euro; Suite 104/94 Euro. Ausreichend kostenlose Parkplätze am Hotel und in einer Tiefgarage sind vorhanden. Der Pool in der 11. Etage ist etwa 15 x 5 Meter groß. Kosten: 6 Euro; inklusive Saunabenutzung 12 Euro. Mercure-Hotel Lüdenscheid, Parkstraße 66, Tel. 0 23 51 / 15 60

Schwattes, Helles oder Pils

11. Folge: Original Lüdenscheider Bier im Brauhaus Schillerbad trinken

Helles, Schwattes oder Pils – vor dieser Wahl steht der Gast des Brauhauses Schillerbad an der Jockuschstraße 3. Aber egal, was letztlich frisch gezapft aus dem Bierkrug oder Glas in die Kehle fließt, eines steht fest: „Made in Lüdenscheid" sind dort alle Biere.
Für jeden Geschmack ist auf der Bierkarte etwas dabei. Mit dem untergärigen, mild gehopften Vollbier „Medardusbräu" fiel im November 1994 der Startschuss der Braugeschichte im Schillerbad. Am ersten Jahrestag kam dann das „Schwatte", ein untergäriges Vollbier, dazu. Gemeinsam mit dem Medardus-Aroma-Pils, Weizenbier und diversen Saisonbieren wie dem „Osterbräu", dem „Maibock", dem Winter- oder Weihnachtsbier, zieht es Bierliebhaber aus Lüdenscheid an. Doch auch aus dem Ruhrgebiet oder aus Norddeutschland reisen Gäste an, um sich den Gerstensaft aus Lüdenscheid schmecken zu lassen. Zuhause können die Fans der Brauhaus-Biere den Gerstensaft ebenso genießen. In Bügelflaschen im praktischen Sechserkasten oder im Fass gibt es das „Medardusbräu", das „Schwatte" und natürlich auch das Medardus-Aroma-Pils zu kaufen. Nachgefragt wird dieses Angebot von vielen Gästen, wie die Servicekräfte des Brauhauses Schillerbad aus Erfahrung wissen.
Für den Gast des Schillerbades ist die Brautechnik mit Kesseln und Rohren von fast allen Sitzplätzen aus gut sichtbar. Ob in einer eher privaten Nische, an der Theke oder auf der Empore – einen bequemen Platz zum Biergenuss können mehr als 350 Gäste finden. Im Sommer können die Gäste ihre Getränke im Biergarten genießen und sich dazu auch Köstlichkeiten vom Grill schmecken lassen.
Denn neben der Bierkarte kann sich auch die Speisenauswahl sehen lassen. Gutbürgerliche Küche prägt die Karte. Schnitzel, Krüstchen, Grünkohl mit Mettwurst und Bratkartoffeln, Himmel und Erde, Rinderrouladen mit Rotkohl und Spätzle, eine halbe Haxe mit Knollensalat, gebratener Leberkäs und andere Hausmannskost-Klassiker schmecken zu einem frisch gezapften Bier noch besser. Aber auch Pizzen werden serviert– natürlich mit einem besonderen Clou versehen. Der Teig wird nach hauseigenem Rezept mit Treber und Bier hergestellt.
Ein gutes Preis-Leistungsverhältnis und ein schneller und freundlicher Service sind weitere Pluspunkte, die einen Besuch im Brauhaus Schillerbad lohnen.
Feuchtfröhlich ging es in dem historischen Gebäude an der Jockuschstraße übrigens schon seit seiner Erbauung im Jahre 1905 zu. Damals wurde es von den Lüdenscheidern als Volksbadeanstalt genutzt.

Thomas Krumm

Info:

Geöffnet ist das Brauhaus Schillerbad am Rosengarten montags bis donnerstags von 11 bis 24 Uhr. An Freitagen und Samstagen sind die Gäste in der Zeit von 11 bis 1 Uhr nachts willkommen. Sonntags stehen die Brauhaustüren von 11 bis 24 Uhr offen. Die aktuelle Speise- und Aktionskarte sowie viele Informationen zu den Biersorten und dem zum Brauhaus gehörenden Hotel finden Interessierte auf der Homepage www.brauhaus-schillerbad.de.

Bayä
BRAUHAUS SCHILLERBAD
Hopfen und Malz - Gott erhalts

Im Abenteuerland

12. Folge: Bei den Handballspielfesten in der BGL-Halle gibt es nur Sieger

Es ist Sonntagvormittag, 11 Uhr. Die Sporthalle des Bergstadt-Gymnasiums hat sich bereits gut gefüllt. Im Foyer duftet es nach frischen Waffeln und Kaffee. Kindern wie Eltern sieht man die freudige Erwartung an. Dabei geht es nicht um Sieg und Niederlage, nicht um sportlichen Ruhm. Es geht darum, Spaß zu haben. Es ist Spielfest-Zeit bei der HSG Lüdenscheid.
Zweimal pro Spielzeit ist die HSG (Handball-Sport-Gemeinschaft) aus der Bergstadt Gastgeber für den jüngsten Nachwuchs der Populär-Sportart. Natürlich spielen auch Lüdenscheider mit. Aber eben auch Kinder aus Werdohl, Kierspe, Altena, Schalksmühle und Halver sind dabei, sogar Gäste aus Attendorn. Es ist ein kleines Spektakel, das auch den unbeteiligten Zuschauer erfreut. Der stellt sich vor, dass auch ein Pascal Hens oder ein Florian Kehrmann mal bei so einem Spielfest angefangen haben. An so einem Tag, an dem Eckhard Füller – bei der HSG seit Jahren Herr der Spielfeste – und seine Helfer sich alle Mühen geben bei der Aufgabe, einen Sack Flöhe zu hüten.
Die BGL-Halle, in der sonst wohlgeordnet von Tor zu Tor und Hallenseite zu Hallenseite Sport getrieben wird, ist für drei Stunden eine Abenteuerlandschaft. Im ersten Hallendrittel stehen zwei Tore – gespielt wird quer auf normaler Spielfeldbreite. Die Kreise sind abgeklebt.
Das zweite Hallendrittel sieht genauso aus. Im dritten Drittel aber sind Kästen und Bänke aufgestellt, über die gerade ein paar Mädchen aus Kierspe klettern. Daneben malt ein Kind ein Bild aus, wieder ein paar Meter weiter baumeln ein paar Jungs aus Altena an dicken Seilen, die von der Hallendecke hängen. Es ist das Hallendrittel, in dem die Vier- bis Achtjährigen beschäftigt werden, die gerade kein Spiel haben.
Auf den beiden Kleinfeldern gehen Jungen und Mädchen in gemischten Teams – vier Spieler, ein Torwart – auf Torejagd. Ein kleiner Linkshänder geht mit dem Ball schon um wie ein Großer und vernascht seine Gegner nach Belieben. Bei anderen sieht es holpriger aus. Nicht jeder Ball wird gefangen, nicht jede Regel ist bekannt. Und es kommt vor, dass ein Torwart gerade aufs Nachbarfeld schaut, während in seinem Tor der Ball einschlägt. Beim Spielfest ist das nicht so schlimm.
Sieger sind am Ende sowieso alle. Für jeden gibt es eine Urkunde. Dazu ein kleines Präsent. Dafür gibt es keine Tabelle. Nicht einmal im Geheimen und bei den Erwachsenen. Die Kinderaugen leuchten. Sie sagen: Das war ein guter Tag. Heute haben wir hier viel Spaß gehabt. Spaß ohne Druck. Auch die Eltern sind zufrieden. Sie haben Kaffee getrunken, Kuchen gegessen und ihrem Nachwuchs zugeschaut. Und wer weiß? Vielleicht ist da sogar ein neuer Gensheimer oder Heinevetter dabei gewesen.

Thomas Machatzke

Info:

Die Handball-Sport-Gemeinschaft Lüdenscheid ist ein Einspartenverein. Mit fünf Herren- und drei Damenmannschaften sowie einer der größten Jugendabteilungen in Südwestfalen ist die HSG ein Marktführer in Sachen Handball. Weitere Informationen rund um das Vereinsleben und die Mitglieder findet man unter www.hsg-luedenscheid.de.

12

sky
sky

sky

JHG Mark-Süd
11
2

Ein Preis mit Augenzwinkern

13. Folge: Eine Vorstellung der „Lüdenscheider Lüsterklemme" besuchen

Die Vorstellungen haben etwas Familiäres. Das fängt schon damit an, dass man eben nicht die große Treppe hinauf in den Theatersaal des Kulturhauses geht, sondern rechts abbiegt. Für kleinere Veranstaltungen wird der Garderobensaal umgebaut – zum Bistro K, in dem über die Lüdenscheider Lüsterklemme abgestimmt wird.
Vieles unterscheidet sich von einem „normalen" Theaterbesuch.
Man nimmt Platz an Bistro-Tischchen, darf Wein oder Wasser trinken, wahlweise auch das kühle Blonde, laut lachen und auch mal mit dem Tischnachbarn flüstern. Irgendwie ist man mittendrin im Geschehen, und auch die Menschen anders. Lockerer. Entspannt. Gelassen.
Die Vergabe des Kleinkunstpreises „Lüdenscheider Lüsterklemme" hat Tradition. Zum 33. Mal wird der Preis 2012 ausgelobt. Im Jahre 1980 setzte der damalige Kulturhaus-Leiter Rudolf Sparing seine Idee von einerm Lüdenscheider Kleinkunstfestival in die Tat um. Zielgruppe waren und sind junge, weitgehend unbekannte Künstler. Ihnen ein Podium zu bieten und damit auch ein Sprungbrett für eine Karriere war Sparings Ziel. Fünf Künstlerinnen und Künstler, immer im Februar, die Sparkasse Lüdenscheid als Hauptsponsor. Kein Bohlen, kein Quotenfang – das Publikum selbst ist die Jury. Auf den Tischen liegen jede Menge Zettel und Bleistifte aus. Wer möchte, kann sich an der Abstimmung über die Qualität des Künstlers und seines Vortrages beteiligen. Anonym, oder auch mit Namen und Anschrift, je nachdem, ob man am Ende selbst einen gestifteten Preis bekommen möchte.
Benjamin Eisenberg hieß der Gewinner der Lüsterklemme 2011. Ein junger, politischer Kabarettist, der die meisten Stimmen auf sich vereinen konnte. Sein Preisgeld – 1500 Euro – und den Preis bekam er im gleichen Jahr im Dezember. Auch das ist Tradition. Zum Jahres ende spielt der Preisträger sein Programm noch einmal im Kulturhaus.
Die Lüsterklemme ist ein Preis mit Augenzwinkern, der sich in Kabarettkreisen bundesweit herumgesprochen hat. Die Künstler kommen gern nach Lüdenscheid, weil sie hier ein abendfüllendes Programm spielen dürfen und direkt vom Publikum bewertet werden. Und ein Preis mit einem besonderen Namen. Eine Lüsterklemme verbindet – zum Beispiel Publikum und Künstler. Und ganz nebenbei ist sie schließlich auch ein typisches Produkt der Lüdenscheider Industrie.
Einen Vorhang gibt es nicht in der Garderobehalle. Und so richtig mittendrin im Programm sind diejenigen, die freiwillig in der ersten Reihe Platz nehmen
Wer dort sitzt, wird vom Bühnenakteur angesprochen, eingebunden, ausgefragt. Aber da finden sich immer Freiwillige. Wie sieht das sonst denn auch aus?

Jutta Rudewig

Info:

Im Jahre 1980 setzte der damalige Kulturhaus-Leiter Rudolf Sparing seine Idee von einerm Lüdenscheider Kleinkunstfestival in die Tat um. Zielgruppe waren und sind junge, weitgehend unbekannte Künstler.

Kultur
Publikum
Lust
Künstler
Sparkasse
Klemme
Die Lüsterklemme
Kleinkunstpreis der
Sparkasse Lüdenscheid

Regionalbahn als anonyme Informationsbörse

14. Folge: Im Stundentakt von Lüdenscheid nach Dortmund mit der Volmetalbahn / Handys zählen zu den wichtigsten Reiseaccessoires

111 DINGE DIE MAN IN Lüdenscheid GETAN HABEN MUSS

Das klingt wirklich verlockend, was die junge Frau da vor hat. Hähnchenragout in Currysauce soll es geben – mit Baguette und Salat, dazu wahlweise einen Weiß- oder Rotwein. Leider weiß sie noch nicht, ob auch alle vier eingeladenen Gäste kommen können, bedauert sie im Telefonat und klappt das Handy zu. Eigentlich eine prima Gelegenheit, der Hobby-Köchin auf die Schulter zu klopfen, ihr eine Visitenkarte in die Hand zu drücken und sich als Gast der Reserve anzubieten. Wäre schließlich schade um Hähnchen und Wein.

Belauschen muss man solche Gespräche wirklich nicht, denn der Zug, in diesem Fall die Volmetalbahn auf dem Weg von Lüdenscheid nach Dortmund, ist immer eine Informationsbörse - ob man will oder nicht.

Info:

Von montags bis freitags startet der erste Zug in der Kreisstadt um 5.06 Uhr, der letzte fährt um 21.06 Uhr nach Dortmund ab. An Freitagen und an Feiertagen setzt die Bahn noch zwei Züge um 22.36 und 23.36 Uhr bis Hagen ein. Für die Fahrt bis zum Hagener Hauptbahnhof benötigt die Regionalbahn 41 Minuten, Dortmund erreicht der Triebwagen nach rund einer Stunde und 20 Minuten.

Schräg gegenüber der Köchin geht's – natürlich wieder per Handy – um Familienplanung. Die junge Frau ist in der zwölften Woche schwanger und richtet unüberhörbar das Kinderzimmer, wahlweise in Blau oder Rosa, ein. Kurz hinter dem Halt Schalksmühle kommt es zu einem Bruch im akustischen Entertainment. Der junge Mann auf der Nebenbank, bekleidet mit Turnschuhen, Jeans mit Schritt in Kniehöhe und Mütze, spricht in Rätseln: Es geht um mathematische Formeln für seinen Bachelor-Studiengang.

Da sich hier nichts Erhellendes anbahnt, bleibt nur der Stellungswechsel zum Lokführer. Harald Köppikus aus Werl fährt regelmäßig zwischen Kreisstadt und Oberzentrum, im Bahnjargon wird die Strecke kurz RB 52 genannt. Mehr als 100 Kilometer pro Stunde fährt der Triebwagen auf der eingleisigen Verbindung zwar nicht, aber dafür entschädigt die Gegend: „Entlang der Volme ist es richtig schön." Das Angebot im Stundentakt wissen auch die Fahrgäste zu schätzen: Pendler, Schüler, Studenten, Klassenausflüge in den Dortmunder Tierpark oder zur Lüdenscheider Phänomenta, direkt vis-à-vis des Haltepunktes der Bahn sowie Einkaufsfahrten in die Revierstadt. Den preiswerten Zugtrip mit dem Seniorenticket wissen auch Monika und Adolf Radke aus Lüdenscheid zu schätzen, die sich mit Urenkelin Cecilia (5) zum neuen Einkaufszentrum, der Thier-Galerie, aufmachen. Allerdings steigen auch sie wie viele andere erst in Rummenohl ein, wenn sie in Richtung Dortmund fahren wollen. Zwei unterschiedliche Tarife, der des Verkehrsverbundes Ruhr-Lippe (VRL) und der des preiswerteren Verkehrsverbundes Rhein-Ruhr (VRR) ab Rummenohl, ärgern die Kunden schon seit Jahren. Auf Änderungen hin zur Vergünstigung dürfen die Bahnkunden nicht hoffen. Eher wird das VRR-Ticket teurer, wissen die Tarifexperten. Trotzdem: „Die Strecke ist gut frequentiert", so Köppikus.

Bernd Eiber

2

Liebesgrüße aus Hollywood

15. Folge: In der Komfort-Loge des Filmpalastes großes Kino genießen

Manchmal gehen die Leute mit Decken und Kissen in die Designerloge, legen die Beine hoch, kippen den Sitz nach hinten, Naschzeug griffbereit. So lässt es sich bequem in ein paar Stunden um den Planeten reisen. Da kann auf 85 Kinoleinwand-Quadratmetern ruhig die Welt untergehen. Dort, wo früher 200 Stühle standen, füllen heute 38 Logenplätze mit 1,85 Meter Reihenabstand den oberen Teil des Kinosaales, der diesen Namen noch verdient. Aber es heißt ja auch nicht umsonst „Filmpalast“, das Traditionshaus am Platz. Wo heute rund 300 Sperrsitz-Sessel im großen Saal sind, waren zur Hochzeit in den 50er-Jahren 720 Sitze besetzt. Heute birgt der längst geschrumpfte Sperrsitzbereich weiteres Potenzial für Neuerungen. Doch um die Zukunft ist Kinochef André Lubba nicht bange: Das Pantoffelkino wird zwar immer größer und professioneller, aber „großes Kino“ gleichzeitig heimeliger, gemütlicher.

Das kommt an. Unten, im Atelier mit seinen 30 Plätzen, rücken die Cineasten gerne enger zusammen.
Der versteckt liegende Bau zelebriert den Eintritt in andere Welten schon im Foyer. James Bond schickt Liebesgrüße aus Hollywood und nimmt den Filmfreund ins Visier. Und welcher war der Beste? „Wer wohl – Connery“, sagt Lubba wie aus der Pistole geschossen. In Teilen denkmalgeschützt, atmet der Eingangsbereich den Geist jener Lichtspieljahre, die Lichtjahre entfernt scheinen.
Der „Süßwarenverkauf“, verschnörkelt angepriesen, ist wesentlicher Bestandteil des Geschäfts, das so viel mehr verlangt als Kartenausdruck und das Abspielen von Filmen. Kinowochen mit örtlichen Veranstaltern, Geburtstage, Feiern oder Sonderveranstaltungen – man muss mit der Zeit gehen, und die verlangt nach Events. „Wir investieren jeden Cent hier hinein“, sagt der Chef, in digitale Technik und 3D. Er tüftelt an den nächsten Ideen, die in der Branche wieder einen Trend lostreten könnten – wie einst die Logensitze. Sein Publikum dankt es ihm.
Es kommt sogar aus Köln, auf der Suche nach dem letzten Flair unter all den Vorführfabriken. Besucherzahlen wirken direkt auf die Filmvergabe im komplizierten Berechnungssystem der Verleiher. Doch das weiß der Kinogänger alles nicht. Er lässt sich in die weichen Polster sinken, bereit für die Stürme des Lebens. Es wird dunkel. Film ab. Großes Kino.

Info:

Der Filmpalast liegt in zweiter Reihe an der Werdohler Straße 68b, 58511 Lüdenscheid. Telefon: 0 23 51 / 67 19 64. Die nächst gelegene Bushaltestelle ist „Kluser Platz“.
Kostenlose Parkplätze stehen hinter dem Haus (Zufahrt über die Reckenstraße) zur Verfügung.
www.filmpalast-luedenscheid.de

Susanne Kornau

MONTAG+DIENSTAG
Süßwarenverkauf
TROJA
Kaffee 1,50 €

Köln liegt in Lüdenscheid

16. Folge: Weiberfastnacht im Brauhaus Schillerbad feiern

Die wohl feuchtfröhlichste Feier des Jahres findet an Weiberfastnacht im Brauhaus statt. Die rheinischen Bräuche haben längst auch in der Bergstadt Einzug gehalten – vom „sturen Sauerländer" ist dann rein gar nichts zu spüren.

Schon am frühen Abend tobt in dem bunt geschmückten ehemaligen Schwimmbad der Bär. Wenig später herrscht Ausnahmezustand. Dann bekommt man kaum noch „ein Bein anne Erde", wie der Lüdenscheider sagt. Wechselnde DJs heizen den Narren und Närrinnen so richtig ein – und bringen mit Liedern wie „Superjeile Zick" oder „Hände zum Himmel" die Stimmung schnell zum Überschäumen. Auf den Gängen und auf der Tanzfläche geht zeitweise gar nichts mehr. Dann packt auch schon mal Superman – auf dem Tresen stehend – die ultimative Luft-Gitarre aus. Wer es etwas ruhiger mag, der findet auf der Balustrade ein Plätzchen und kann sich das Massengetümmel von oben anschauen. Überall aus der Menge glitzern dann Heiligenscheine, Teufelshörner, stechen farbige Perücken ins Auge.

Weiberfastnacht bedeutet für die Lüdenscheider Närrinnen mehr als nur die Pappnase aufzusetzen. Da sind Ideenreichtum und Kreativität gefragt – denn Kostüme von der Stange sind im Brauhaus Seltenheit. Selbermachen ist angesagt. Schon Wochen zuvor machen sich die Närrinnen – meist in größeren Gruppen – Gedanken über ihr Karnevals-Outfit. Ob schaurig, schrill, gruselig oder niedlich: Da wird gewerkelt und genäht – mit großem Erfolg. Denn der Ideenreichtum ist kaum zu überbieten. So tanzen am Tag der Tage ganze Kartenspiele miteinander, der Bauer schunkelt mit dem Ass, das Karo mit Herz, Kreuz und Pik. Blumenwiesen blühen trotz winterlicher Temperaturen in wahrer Pracht, man findet Käseplatten in innigem Einklang mit Mäusegruppen, Bauarbeiterkolonnen ziehen ihre Polonaise durch das Lokal. Da tanzt der Engel mit dem Teufel, der Knasti mit dem Polizisten. So wird die Nacht der Frauen zum Feier-Höhepunkt des Jahres.

Jugendliche oder junge Erwachsene sieht man an diesen Tagen weniger: Es sind doch eher die 50er-, 60er- und 70er-Jahrgänge, die die fünfte Jahreszeit nach Herzenslust ausleben. Massenverkleidungen sind im Brauhaus so beliebt wie sonst nirgends in der Stadt – wobei es sich durchaus auch lohnt, einen Abstecher zu Dahlmann oder in die kleineren Kneipen wie den Reidemeister zu machen, wo es genauso lebendig und bunt zugeht.

Ausklingen lassen etliche Närrinnen und Narren den Abend dann im Saitensprung oder Ballermann am Rathausplatz. Hier wird mit Gratis-Sekt und Menstrip das närrische Volk angelockt.

Christina Grégoire

Info:

Die Karten für die Weiberfastnacht im Brauhaus Schillerbad, Jockuschstraße 3, kosten 13 Euro, inklusive eines Getränkes. Hier können 600 bis 700 Karnevalsfreunde ab 18.11 Uhr die fünfte Jahreszeit feiern. Allerdings empfiehlt es sich, die Karten im Vorverkauf zu besorgen, ansonsten ist Einlass aufgrund des großen Andrangs Glückssache

Allein mit Dieter Dzewas

17. Folge: Samstags die Bürgermeistersprechtunde im Rathaus besuchen

Nicht nur seine Familie kann mit Bürgermeister Dieter Dzewas ab und zu ganz allein sein. Für alle Bürger hat der Chef der Stadtverwaltung nämlich eine Sprechstunde eingerichtet, in der er sich deren Fragen und Sorgen widmet.
„Das Spektrum ist so bunt wie das Leben“, sagt Dieter Dzewas, wenn er die Inhalte seiner Bürgermeister-Sprechstunde beschreibt. An 46 Samstagen im Jahr jeweils von 9 bis 10.30 Uhr steht das Stadtoberhaupt im Bürgerforum den Lüdenscheidern mit Rat und Tat zur Seite.
Oft sind es ortsteilbezogene Dinge, die den Menschen Sorge bereiten. Es können aber auch Gebührenbescheide sein, die nicht akzeptiert werden. Weitere Themen sind Schwerbehindertenangelegenheiten oder Kritiken rund ums Anwohnerparken. Diese werden dann überprüft und, so Dieter Dzewas, schnellstmöglich bearbeitet. „Wenn innerhalb des rechtlichen Rahmens deutlich wird, dass das Gesetz nicht bürgerfreundlich oder in sich nicht logisch ist, werden die Anfragen an Abgeordnete weitergegeben“, erläutert der Verwaltungschef.
Etwas stiller geworden sei es im Bereich der Ausländerangelegenheiten. Diese wurden – bis auf die Einbürgerungsverfahren – an den Märkischen Kreis übergeben. Früher kamen häufig Eltern mit Jugendlichen, wenn es um die Ausbildung ging. Hier konnten oft über die Stabstelle Arbeit und Wirtschaft zusätzliche Chancen geschaffen werden. „Aber auch in diesem Bereich ist es ruhiger geworden“, sagt Dzewas. „Man merkt, dass die Ausbildungssituation wieder besser geworden ist.“ Auch für Langzeitarbeitslose gab es schon die eine oder andere Vermittlungschance. „Ob man bei der Jobsuche erfolgreich helfen kann, hängt allerdings in erster Linie mit der wirtschaftlichen Lage zusammen“, sagt der Bürgermeister.
Gespräche über Anfragen, die man aus datenschutzrechtlichen Gründen nicht im offenen Bereich des Bürgerforums besprechen kann, werden kurzerhand in das Bürgermeisterbüro verlegt. Das könnten beispielsweise Jugendamtsangelegenheiten – Trennungen, Scheidungen oder Konflikte mit Kindern – sein. „Auch Großeltern, denen der Kontakt zu ihren Enkeln untersagt wurde, haben mich schon um Hilfe gebeten“, berichtet das Stadtoberhaupt. „Es gab auch einmal eine Kleindemonstration, diese wurde dann in den Ratsaal verlegt. Manche Menschen kommen aber auch einfach nur, um Frust abzulassen oder ihr Herz auszuschütten“, weiß Dieter Dzewas. „Wenn es um komplexere Dinge geht, ist es hilfreich, vorab Informationen zu bekommen, um zielgenauer arbeiten zu können“, so der Tipp des Bürgermeisters.

Christina Grégoire

Info:

Die Bürgermeistersprechstunde ist ein kostenloses Angebot der Stadt Lüdenscheid. Rund 250 Bürgerinnen und Bürger nutzen die Sprechstunde jedes Jahr, um Probleme oder Ärgernisse mit dem Stadtoberhaupt in ruhiger Atmosphäre zu besprechen. Die Termine werden in den Lüdenscheider Nachrichten und auf www.luedenscheid.de veröffentlicht.

Serviceplatz
1

Die Stadt in der Stadt

18. Folge: Einen Einkaufsbummel durch das Stern-Center machen

111 DINGE DIE MAN IN Lüdenscheid GETAN HABEN MUSS

Es riecht gut nach Kaffee am Eingang Wilhelmstraße des Stern-Centers. Lachen ist zu hören; in angenehmer Helligkeit reiht sich rechts und links der Ladenstraße Shop an Shop.
Im Center, dessen Ladenstraßen sternförmig angeordnet sind, können sich die Besucher in 105 Shops jegliche Wünsche erfüllen lassen. Durch die Glasdächer und eine Glaskuppel fällt sehr viel Tageslicht in das Center; die Klimaanlage sorgt für angenehme Temperaturen. Der Strahl des über zwei Ebenen gehenden Springbrunnens schafft zudem eine spannende Dynamik und eine Reihe von Bäumen vermittelt ein Gefühl von Natur.
Das Stern-Center gleicht einer kleinen Stadt inmitten der großen Stadt. Während ein Teil der Besucher zielgerichtet in die Geschäfte läuft und dort auch kauft, schauen die anderen Gäste einfach nur zu, trinken ihren Kaffee und entspannen. Die Verkäufer der Shops sind nett und aufmerksam, egal in welches Geschäft man geht. Beratung steht ganz vorn an – ob nun beim Kauf einer Jeans, von hauchdünnen Dessous, von Schuhen oder Sportkleidung. Ganz oben unter der Glaskuppel bekommen Frau, Mann und Kind all das, was mit Elektronik, Technik oder Haushalt zu tun hat.
Wer es ruhiger möchte, kann in Buchshops stöbern, sich die Hände verschönern lassen oder nach Geschenken schauen. Zeitschriften, Tabak, Geschenkartikel, Dekowaren – auch damit wartet das Stern-Center auf. Fotoservice, Schuhreparaturen, ein großer Supermarkt und eine Apotheke runden das Angebot ab.
Wer gesehen werden will, für den ist das Stern-Center genau die richtige Adresse. Schlichtes, Ausgefallenes und auch mal Verrücktes kann man da sehen. Eine junge Frau trägt selbstbewusst eine Hasenohren-Mütze, während andere Frauen sehr knappe Teile tragen oder in Farben baden. Die Vielfältigkeit der Menschen, die das Center besuchen, ist es allein schon wert, hier gewesen zu sein. Ob im Schlabberlook oder schick im Nerz, alles ist zu sehen. Mittwochs und samstags ist es wegen des Wochenmarktes auch im Stern-Center meist voll. Wer es also etwas ruhiger möchte, sollte eher die anderen Tage der Woche für einen Besuch wählen.
Vom Infostand über Sitzgelegenheiten zum Ausruhen, Kinder-Wickelräume, Kunden-WCs, Behinderten-Toilette, EC-Bankautomaten bis hin zu Kidcars – an alles ist gedacht. Schauen, shoppen, erleben – das Stern-Center ist mit vielen Veranstaltungen und Aktionen ein besonderer Ort mit einer besonderen Anziehung.

Monika-Marie Finke

Info:

Stern-Center Lüdenscheid, Wilhelmstraße 33; Zugänge über die Wilhelm- und die Altenaer Straße; Öffnungszeiten des Centers: Montag bis Samstag 8 bis 20.30 Uhr.
Öffnungszeiten der Shops: Montag bis Freitag 10 bis 20 Uhr, Samstag 9.30 bis 20 Uhr.

„Event“ mit viel Nervenkitzel

19. Folge: Eine nächtliche Sperrmüllentdeckungs-Tour durch Lüdenscheid unternehmen

Das Sofa steht noch immer vor dem Haus und ist mittlerweile vom Dauerregen völlig durchweicht. Unfassbar, dass sich niemand ein Herz gefasst und das gute Stück mit nach Hause genommen hat. Größe und Sperrigkeit können nicht die Gründe dafür sein, dass die Couch noch kein neues Heim gefunden hat. Der Küchenschrank war nämlich viel, viel größer. Und sperriger. Und außerdem auch viel älter und viel verschmierter. Wer das Ding mitgenommen hat, weiß keiner. Erklären kann sich sein Verschwinden auch niemand so recht. „Gebrauchen kann den doch ernsthaft niemand - nicht mal als Brennholz taugt der noch.“
Diese kurze Geschichte zeigt bereits zwei Dinge ganz deutlich:
Die Gesetze des Sperrmülls sind unergründlich und spannend. In den Möbel- und Einrichtungsmarkt kann jeder fahren. Ikea war gestern – heute ist Sperrmüll! Eine nächtliche Tour durch die Stadt wird schnell zum Event mit einer gehörigen Portion Nervenkitzel. Sich gezielt auf die Suche nach einem gelben Sofa, Ohrenbackensesseln oder einem 24-teiligen Geschirr im Zwiebelmuster-Design zu machen, ist nicht der richtige Ansatz. Man muss sich vielmehr treiben lassen, Inspirationen wahrnehmen und sich auch einmal zu Dingen hinreißen lassen, für die man niemals Geld über den Ladentisch schieben würde. Die wahre Faszination einer Sperrmülltour in Lüdenscheid liegt darin, das Unverhoffte zu finden, ohne es zu suchen. Und wenn man dann mit einer flotten Lotte, hellrosa Sammeltassen oder einem Puppenhaus ohne Dach nach Hause kommt, ist man stolz wie der Entdecker fremder Welten – auch wenn der Rest der Familie vielleicht meint, dass „der Krempel nur in die Tonne gehört“.
Die Geschichten hinter dem Schreibtisch mit den tausend Kerben im Rand, dem Bücherschrank mit gut gefülltem Geheimfach und der Tonbandsammlung – die sind interessant. Aber natürlich wird man sie nie erzählt bekommen. Was ein großer Vorteil ist, denn so bleibt unendlich viel Platz für die eigene Fantasie. Warum war kein Platz mehr für den Nähkasten mit den herrlichen alten Knöpfen? Und welches Baby wohl zuletzt in dem Stubenwagen mit den vergilbten Häkelborten geschlafen hat? Wunderbar, wenn man die Leerstellen selber ausfabulieren kann.
Wer was entbehren kann und wegwirft, das zeigt eine Sperrmüllentdeckungstour – und gleichzeitig ist sie ein Spiegel unserer Gesellschaft. Der Toaster und die Kaffeemaschine sind nicht nur noch brauchbar, sondern zeigen keinerlei Defekte.
Und damit ist der Haushalt zumindest zum Teil gefüllt. Die alten Weichholzkleiderschränke, das Buchenehebett, das Küchenbuffet im Stil des Gelsenkirchener Barocks zeigen deutlich: Lüdenscheid ist keine arme Stadt – die Ausbeute einer Sperrmülltour kann üppig ausfallen, wenn man Glück, den richtigen Riecher und ein gutes Auge für verborgene Schätze hat.

Thomas Krumm

Info:

Vorsicht: Sachen vom Sperrmüll anderer Leuten einfach mitzunehmen, kann als Diebstahl oder Unterschlagung geahndet werden.

Transport

Herausforderung für Kenner

20. Folge: Einen gebührenfreien Parkplatz in der Innenstadt aufspüren

111 DINGE die man in Lüdenscheid getan haben muss

Kostenlos parken in der Bergstadt – das klingt nicht gerade spannend oder gar nach einer Herausforderung. Eingeweihte wissen jedoch: Es erfordert Zeit, Geduld und jede Menge Glück, einen gebührenfreien Parkplatz zu finden. Und oft ist das Unternehmen nicht von Erfolg gekrönt. Zeit also, Lüdenscheid genau unter die Lupe zu nehmen und einen Park-Stress-Test zu wagen.

Die Suche nach einem Parkplatz „für lau" nimmt ihren Anfang an der Knapper Straße. Hier ist die Dichte an Geschäften und Arzt-, Anwalts- und Notarspraxen immens – und die an Parkplätzen gering. Das Wort „gebührenfrei" ist hier ein Fremdwort. Wer hier kein Kleingeld griffbereit hat oder per se etwas gegen Parkuhr und Parkautomat hat, fährt weiter in die benachbarte Herderstraße. Die lässt auf den ersten Blick Hoffnung aufkommen, macht diese jedoch umgehend wieder zunichte. Denn:

Info:

Wo, wie lange und für wieviel Geld man sein Auto in der Bergstadt abstellen kann, kann in der Parkgebührenordnung der Stadt unter http://www.luedenscheid.de nachgelesen werden.

Was hier nach einem gebührenfreien Parkplatz aussieht, ist lediglich ein Kurzzeitparkplatz – und der hilft nur den Wenigsten.

Der nächste Versuch startet in der Friedrichstraße, doch ist auch hier überall die „gebührenpflichtige Zone" ausgeschildert. Frustriert geht es weiter zur Karolinenstraße Ecke Mathildenstraße. Auch hier ist nichts zu holen. Entweder lauert die Parkuhr oder das Abstellen von Autos ist generell verboten. So heißt die letzte Möglichkeit: Schummeln. Als Besucher des Amtsgerichts darf man auf dem Parkplatz am Dukatenweg seinen Wagen abstellen.

Wer schon vor Antritt des Einkaufsbummels oder Arztbesuchs weiß, dass er sein Auto nur zwei Stunden abstellen möchte, kann an der oberen Mathildenstraße parken. Hier reicht es, die Parkscheibe gut sichtbar im Wagen zu platzieren. Ein kleines Plus: Wer sein Auto hier abstellt, kann einen der schönsten Blicke über das Zentrum der Bergstadt genießen.

Doch trotz dieser kleinen Lichtblicke muss das abschließende Urteil des Parkplatzsuchenden über die Knapper Straße und die Umgebung lauten: echte Problemzone.

Der zweite Stress-Test-Ort ist das Kulturhaus. Dessen Parkhaus ist zwar praktisch und verlockend – aber auch kostenpflichtig. Die Werdohler Straße kann man aus dem Blick lassen, denn hier muss der Parkautomat bedient werden. Auch die Schillerstraße ist getrost zu vernachlässigen. Bleibt als Geheimtipp lediglich der Parkplatz am Zeppelin-Gymnasium. Hier können – stark beschränkt durch die Schulzeiten – rund 20 Wagen abgestellt werden.

Letzter Halt: das Stern-Center. Richtig billig und richtig nahe dran: Das wünschen sich die meisten Besucher in Sachen Parkplatz. Ein kleiner Geheimtipp mit einer – wenn auch nur geringen – Glücksmomente-Garantie ist der Parkstreifen an der Bahnhofstraße. Unglaublich: Hier gibt es drei Stunden Abstellen für null Euro bei gleichzeitigem Auslegen der Parkscheibe. Allerdings stehen hier nur fünf Parkplätze zur Verfügung.

Thomas Krumm

P
8-19h
3Stunden
MK HD 49

Spiel, Spaß und Spannung

21. Folge: Beim winterlichen „Sporteln am Sonntag" mitmachen

Spiel, Spaß und Spannung für die ganze Familie – das bietet das „Sporteln am Sonntag". Das offene Bewegungs- und Freizeitangebot wird unter Mitwirkung des Bündnisses für Familie, durch die Stadt Lüdenscheid und in Kooperation mit Sportvereinen und sozialen Einrichtungen durchgeführt.
In den Wintermonaten werden dazu an jedem zweiten Sonntag im Monat zwei Turnhallen mit einfachen Mitteln zu bunten Bewegungslandschaften und kreativen Abenteuerspielplätzen umgebaut. Während draußen winterliche Temperaturen herrschen, geht es in den Sporthallen heiß her: Da wird balanciert, geklettert, gesprungen und gehüpft. Aus Matten werden Riesenrutschen oder Kletterspalten, aus Seilen und Stangen werden weit-schwingende Schaukeln.

Info:

Das „Sporteln" ist ein kostenloses Angebot der Stadt Lüdenscheid, des Bündnisses für Familie und verschiedener Kooperationspartner wie Sportvereinen und sozialen Einrichtungen. Eingeladen sind Familien mit Kindern bis acht Jahren. „Sporteln" findet von November bis März an jedem zweiten Sonntag im Monat in der Zeit von 10 bis 13 Uhr an wechselnden Standorten statt. Informationen gibt es bei Dierk Gelhausen, Sportabteilungsleiter der Stadt Lüdenscheid, Tel. 0 23 51 / 17 12 26.

Die in den Sporthallen vorhandenen Kästen und Geräte sowie viele weitere Materialien werden für den Aufbau eines Spieleparadieses genutzt. Kinder und Eltern, aber auch Großeltern oder andere Betreuungspersonen finden in den Sporthallen viel Platz zum gemeinsamen Spielen, Toben, Klettern, Laufen, Hüpfen und Springen. Zudem stellt das Sportamt der Stadt Lüdenscheid seine Bewegungskoffer zur Verfügung, welche die Kinder mit Diabolos, Bällen und Keulen zum Jonglieren animieren. Das fördert nicht nur die Auge-Hand-Koordination, sondern auch das Selbstbewusstsein.
Und da sportliche Bewegung bekanntlich den Appetit fördert, sind auch die Lüdenscheider Nachrichten stets vertreten und bieten den kleinen und großen Sportlern zur Erfrischung frisches Obst an.
„Gesportelt" wird unter fachlicher Betreuung ausgebildeter Übungsleiter und weiterer Helfer sozialer Einrichtungen. Während die Kinder hüpfen, springen, schaukeln, klettern oder jonglieren, nutzen viele Eltern die Gelegenheit zum geselligen Austausch. Denn das Sporteln ist mittlerweile zum festen Bestandteil geworden und gilt in den einzelnen Stadtteilen als Kommunikationsbörse. Das Sporteln ist seit einigen Jahren fest im städtischen Terminkalender verankert. Es genießt bei der Bevölkerung ungebrochene Popularität und stets wachsendes Interesse. Jedes Jahr finden sich mehr Kinder mit ihren Eltern ein. Die Grundidee hat überzeugt: spielerische Bewegung im Kreise der Familie, ohne Zwang, Kosten und Leistungsdruck. Dafür aber mit viel Kommunikation und Harmonie. Es geht darum, dass Eltern oder Großeltern gemeinsam mit ihren Kindern oder Enkeln ein paar fröhliche Stunden erleben.

Christina Grégoire

MONSTER
02

Der Kampf im Schlafzimmer

22. Folge: Als Verkäuferin beim Secondhand-Modemarkt der LN mitmachen

Der verbissene Kampf findet im Schlafzimmer statt. Es ist ein Kampf auf Biegen und Brechen gegen einen schier übermächtigen Gegner. Einen Gegner, der nichts hergeben will, der sein Revier mit Zähnen und Klauen verteidigt. Es ist ein Kampf gegen – sich selbst. Ausgetragen wird er vor dem heimischen Kleiderschrank. Habe ich diese Bluse wirklich seit zwei Jahren nicht mehr getragen? Ist der Rock tatsächlich zu eng, auch wenn ich den Bauch (der ja ohnehin gar nicht vorhanden ist) ein bisschen einziehe? Kann ich die rosa Latzhose nicht wenigstens noch beim Elternabend im Waldorf-Kindergarten tragen?
Ob Hosen, Jacken, Mäntel, Abendkleider, Kostüme oder Röcke: Letzten Endes gibt der Kleiderschrank dann doch immer wieder genug her, um mit schweren Koffern und Waschkörben das Kulturhaus zu entern – zweimal im Jahr zum Secondhand-Modemarkt der Lüdenscheider Nachrichten.

Info:

Der Secondhand-Modemarkt findet zweimal jährlich im Kulturhaus, Freiherr-vom-Stein-Straße 9, statt. Der Eintritt kostet zwei Euro; Kinder im Alter bis zu 15 Jahren dürfen kostenlos hinein. Jeweils einige Wochen vor dem Markt werden die Stände an der Theaterkasse des Kulturhauses vergeben. Ein Tisch samt Kleiderständer und zwei Stühlen kostet 15 Euro.

Dieser Modemarkt ist längst Kult, ist eine Domäne des schönen Geschlechts – sowohl was die Besucherinnen als auch was die Ausstellerinnen angeht, von denen nicht wenige schon etliche Male mit von der Partie sind. Männer kommen allenfalls in zwei Versionen vor – als Sherpa, der die Kleidung anliefert, und als Platzhalter hinter dem Verkaufstisch, wenn Sie mal ein bisschen gucken geht, was die Konkurrenz denn so zu bieten hat.
Die Veranstaltung dauert von 11 bis 15 Uhr. 62 Tische gibt es, ergänzt durch je einen Kleiderständer und zwei Stühle. 46 von ihnen befinden sich in der oberen Etage, die anderen 16 im Foyer. Einlass für die Verkäuferinnen ist um 9 Uhr.
Die Lüdenscheiderinnen Heike Köhler und Sabine Markus sind zum ersten Mal als Verkäuferinnen dabei. Etwa 150 Artikel haben die Arbeitskolleginnen schließlich beisammen, um sie an ihrem Stand in der 1. Etage auszubreiten und aufzuhängen. Um 11 Uhr öffnen sich die Türen des Kulturhauses, doch es dauert eine ganze Weile, bis die ersten Besucherinnen im Obergeschoss erscheinen. Schließlich gibt es ja schon unten genug zu sehen. Um 11.13 Uhr ist es soweit – eine potentielle Kundin steht am Köhler-Markus-Stand. Die Frau begutachtet intensiv eine Handtasche: „Was wollen Sie dafür haben?“ Und dann fällt der Satz, den Heike Köhler und Sabine Markus wohl selbst schon oft in Geschäften gesagt haben: „Ich überlege es mir noch einmal.“ Seit diesem Sonntag mögen die beiden Verkäuferinnen den Satz gar nicht mehr. Denn sie wissen, was er bedeutet: „Tschüss!“.
Was bleibt am Ende des Marktes? Jede Menge Spaß bei lustigen Gesprächen untereinander, mit anderen Verkäuferinnen und mit den Besucherinnen. Jetzt können die Männer kommen. Zum Abtransport.

Willy Finke

Bestnoten für das Parkhaus

23. Folge: Auf der Suche nach Einkaufsflair durchs Forum spazieren

Was ist mitten in Lüdenscheid, hat einen repräsentativen Eingang und lockt den einen oder anderen Besucher? Richtig, das Forum am Sternplatz. Doch wer vorne hineingeht, hat das schönste am Forum schon verpasst – sein Parkhaus. Denn seit Jochen Dette und Ives Thomé dem Forum und seinen unterirdischen Gewölben eine gehörige Portion Kunst verordneten, ist das Forum-Parkhaus das schönste von Lüdenscheid. Schon auf der Rampe abwärts begrüßen Loriots Knollenmännchen, Wum und – in Vorwegnahme des künstlerischen Zentrums des Forums – die Herren im Bade den geneigten Besucher.
Die freundliche Begrüßung macht Appetit auf mehr – und sei es eine gepflegte Einkaufstour in der ganz besonderen Atmosphäre des Forums.
Wer das Parkhaus hinter sich gelassen hat, darf wählen zwischen einem Treppenhaus mit durchaus überraschenden Aussichten auf die Treppengeländer der noch kommenden Etagen und einem Aufzug mit echt gemaltem Hinweisschild.
Geht der geneigte Besucher diese ganz bis oben, wird er mit dem Blick auf gestachelte Durchgangsverhinderer belohnt, die jeder Strafvollzugsanstalt alle Ehre machen würden.
Dann heißt es, schnell wieder hinabzusteigen in die beiden entscheidenden Geschosse und dort nach blühendem Leben zu suchen. Am ehesten fündig werden Kunden, die ein leeres Ladenlokal suchen: Mehr als zwei Drittel der knapp 30 Ladenlokale stehen leer, also gibt es hier ein reiches Betätigungsfeld für potentielle Mieter. Wer kein Ladenlokal im Forum mieten möchte, hat dennoch etwas von den zahlreichen Leerständen: Auf beispiellos großer Fläche bietet sich hier die Möglichkeit, kein Geld auszugeben.
Wer dennoch mit gefüllter Brieftasche ins Forum kommt, um Geld auszugeben, muss jemand sein, der ziemlich genau weiß, was er will: Im Fachgeschäft für Orthopädieschuhtechnik gibt es unter anderem Spezialschuhe für Diabetiker und Rheumatiker. Normale Dienstleistungen am Schuh bietet „seit 22 Jahren“ Werner Fietz an. „Zeigen Sie die leeren Geschäfte und schreiben Sie ‚Einkaufszentrum’ unter die Bilder – mit einem großem Fragezeichen dahinter“, empfiehlt er.
„Ich bin hier nie durchgegangen“, sagt eine Kundin. „Ich gehe hier nur zum Schuster.“ Dabei gibt es auf dem Weg vom Sternplatz bis zu den Herren Müller-Lüdenscheidt und Dr. Klöbner durchaus Orte, an denen sich das Verweilen lohnen könnte: Juwelier Can hat zum Beispiel eine Auslage, die man in diesem Umfeld als üppig bezeichnen muss. Und kurz vor dem Ausgang zum Sternplatz befinden sich zwei weitere Höhepunkte eines gemütlichen Forumbesuches: Annegret Finkes Haarsalon „Faszination Haare“ und – natürlich die große Eisdiele. Wer sich dort zum Abschluss des Forum-Besuches stärkt, kann die Eindrücke noch einmal Revue passieren lassen.

Thomas Krumm

lumen
Stern Glas
Geschenkartikel
SCHUHREPARATU
FIETZ

Das Messer ist der Wegweiser

24. Folge: Café „Der kleine Prinz“ bietet seit sechs Jahren Essen im Dunkeln

Woher weiß man eigentlich, in welcher Ecke der Schüssel das Salatblatt liegt? Oder wo das letzte Stückchen des köstlichen Szegediner Gulasch? Im Kellergeschoss des Cafés „Der kleine Prinz“ bleibt einem gelegentlich nichts anderes übrig, als mit den Fingern zu tasten und diese nach erfolgreicher Suche völlig abzulecken. Macht aber nichts, denn zweimal im Monat sieht das keiner. Im Gewölbe ist es stockfinster, wenn das Team ein „Blinddate“ anbietet – Essen im Dunkeln.

„Wir servieren jeden ersten Freitag und Samstag im Monat beim Blinddate ein viergängiges Menü, haben aber inzwischen zehn bis zwölf Extratermine monatlich“, freut sich Diana Geim über die Resonanz.

Seit Anfang des Jahres ist sie die Chefin im „Kleinen Prinzen“. Vor sechs Jahren wurde in dem Café, dessen Träger der Verein der Freunde des Johannes-Busch-Hauses ist, das erste Mal im Dunkeln gegessen. Seitdem ist die Nachfrage stetig gestiegen.

Auftakt des Blind-Essens ist der Gänsemarsch. Hand in Hand steigt man die steile Treppe hinab in den Keller und wird dort von Christine Baumann empfangen. Für die blinde Café-Mitarbeiterin ist die völlige Dunkelheit nichts Besonderes, wohl aber für die Gäste. „Man reißt die Augen auf und sieht absolut nichts“, sagt Diana Geim. Umsichtig werden die Gäste an ihre Tische geleitet, werden Getränke serviert. Und unwillkürlich beginnt der (nun nichts mehr) Sehende, seinen Tisch zu ordnen. Teller in die Mitte, Gabel rechts daneben, das Messer braucht man als Wegweiser, an dessen Ende das Getränkeglas steht. Man will ja schließlich nichts verschütten.

Salat, Fisch, Fleisch, Vegetarisches – die Küche im „Kleinen Prinzen“ ist bestens sortiert. Und dass die Gäste mehr oder weniger ungeniert mit den Fingern ins Essen greifen, sieht ja keiner.

Geburtstagsfeiern, Junggesellenabschiede, Vereine – die Palette derer, die ein Blinddate als Gruppe buchen, ist breit gestreut. Für 20 Euro pro Person bietet das Blinddate ein Erlebnis der besonderen Art. „Wenn die Gäste Programm wollen, machen wir auch das möglich“, geht Christine Baumann auf die Wünsche der Gäste ein. Im Rahmen von „Mord am Hellweg“ wird gern ein Hörspiel-Krimi zum Essen serviert.

Haben die Gäste ihr Dessert ausgelöffelt, stellt Kerzenschein das Licht allmählich wieder her. Und manch einer ist sehr überrascht darüber, wie es wirklich aussieht im Kellergewölbe des „Kleinen Prinzen“.

Jutta Rudewig

Info:

Das Café „Der kleine Prinz“ an der Luisenstraße 15 bietet jeden ersten Freitag und Samstag ab 19 Uhr „Blinddates“ an. Andere Termine sind nach Absprache unter Tel. 0 23 51/2 74 95 für Gruppen bis 30 Personen möglich. Die Öffnungszeiten: Montag bis Freitag von 10 bis 23 Uhr, Samstag von 10 bis 18 Uhr, andere Zeiten nach Vereinbarung. Im Internet erreichbar unter www.cafe-kleiner-prinz.de.

Bergstadt als Berg-Stadt

25. Folge: Auf den Spuren des Zeppelin-Förderers: Ein erdachter Carl-Berg-„Rundweg“

Auch mehr als 100 Jahre nach dem Tod des Industriellen und Luftschiff-Pioniers Kommerzienrat Carl Berg (1851-1906) erinnern in seiner Geburts- und Heimatstadt nach wie vor Spuren an ihn, seine Familie und sein unternehmerisches Werk. Als „Start“ der Spurensuche bietet sich das Geschichtsmuseum am Sauerfeld an. Hier verdeutlichen Exponate besonders Bergs Verdienste in Zusammenarbeit mit dem Erfinder des starren Luftschiffs, David Schwarz (1850-1897), und dem Luftschiff-Konstrukteur Ferdinand Graf von Zeppelin (1838-1917).
1787 gründete Urgroßvater Wilhelm Berg (1742-1814) im Altstadthaus Marienstraße 13 ein Knopf-„Fabriksken“. Später ließ sich der aufstrebende Betrieb auf dem großen Grundstück Altenaer Straße 23 nieder. Ab den 1890er Jahren expandierte Berg dank dem neuen Leichtbaustoff Aluminium auch in den hier stets „Bergs Fabrik“ genannten Gebäuden (heute KulturFabrik Wilhelm Berg).
Ein weiteres Werk betrieben Bergs seit 1853 in (Werdohl-)Eveking im Versetal; und eine zweite Lüdenscheider „Bergs Fabrik“ – Berg's Victoria-Aluminium-Werke – kam 1896 in einem erworbenen Gebäude an der Ecke Friedhof- und Gustav-Adolf-Straße (heute EGC Haus 8) hinzu. In diesen Fabriken Bergs entstanden ab 1896 die Komponenten der Aluminium-Gerüste für die ersten Luftschiffe.
1898/99 wurde auf dem Gelände an der Altenaer Straße eigens ein großer Holzschuppen erbaut, um dort die Aluminiumteile für die einzelnen 18 Zellen des ersten „Zeppelins“ probeweise zusammenzusetzen und zu kontrollieren. Die wieder zerlegten Teile wurden dann am Bodensee endgültig zum 128 Meter langen Luftschiff zusammengefügt.
Dessen dortiger erster Aufstieg am 2. Juli 1900 markiert den Beginn der Luftschiff-Ära.
1839 im 1974 abgebrochenen Haus Altenaer Straße 4 geboren, besuchte Berg bis 1869 die „höhere Bürgerschule“, dessen Nachfolgegymnasium am Staberg seit 1929 den Namen Zeppelins trägt. Berg selbst wurde durch die Stadt fünf Jahre später mit der Benennung eines von der Hohfuhrstraße abzweigenden neuen Weges geehrt.
Im Bonner Johannes-Hospital und nicht in seinem 1960 abgebrochenen Wohnhaus Altenaer Straße 2 starb Carl Berg am 26. Mai 1906. Wohl aber fand dort drei Tage später die Trauerfeier im Beisein von Familie und Freunden statt, und von dort aus bewegte sich der Leichenzug zum evangelischen Friedhof an der Mathildenstraße. Dort liegt die Familiengrabstätte Berg mit dem Granit-Obelisken gut 100 Schritte links vom Eingang. Familiärer Überlieferung nach eilte auch Graf Zeppelin zur Beisetzung nach Lüdenscheid.
Nicht mehr vergönnt war dem Kommerzienrat der Bezug seines nach Plänen der Berliner Architekten Kayser und von Großheim im Bau begriffenen neuen Domizils Hohfuhrstraße 42. Die noch heute vorhandene „Villa Berg“ bezogen Bergs Witwe und Kinder erst 1907.
„Ziel“ des fiktiven "Rundwegs“ ist die Fürwigge-Talsperre kurz hinter der Stadtgrenze auf Meinerzhagener Gebiet. Dort erinnert an der Sperrmauer seit 1907 ein Obelisk mit einem Porträt-Medaillon Bergs an dessen Verdienste um das Talsperrenwesen.

Wolfgang Schumacher

KARL BERG

Carl-Berg-Weg

Kopf hoch, altes Haus!

26. Folge: Längs der Gründerzeithäuser auf Fassadentour gehen

Der Blick fällt aus der Beletage auf das Treiben darunter. Nur selten trifft er sich mit dem eines Passanten. Mitunter scheint ein Lächeln die versteinerten Gesichtszüge aufzuhellen, so, als schmunzele der stille Beobachter über die Unentwegten, die seit hundert, zweihundert Jahren mit unbekanntem Ziel um die nächste Ecke verschwinden. Was haben sie nicht schon alles kommen und gehen sehen, die Stuckköpfe an Lüdenscheids Gründerzeitfassaden. Gerahmt von Ranken und Früchten, gestützt von Säulen und Schnecken, markiert durch Rundbögen und Rosetten hat über den Köpfen der Passanten in der Wilhelmstraße und drumherum die Lust unserer Urgroßväter am Ornament überlebt. Mitunter nur, um hinter vorgehängten Reklametafeln ein Dasein im Dunkeln zu fristen. Erst langsam kommt – Altstadtsatzung sei Dank – Aufbruchstimmung auf. Mit Gefühl für Farbe und Form, mit Licht und Liebe zum nun oft denkmalgeschützten Detail, haben die Überlebenskünstler mit Charakter der glattgeputzten Makellosigkeit der Moderne einiges entgegenzusetzen.

Das war nicht immer so. „Alter Zierrat paßt nicht mehr in unsere Jahre“ titelten die Lüdenscheider Nachrichten 1962. Die „Bauwerke“ fielen in Ungnade, verzierte Fronten und Giebel wurden glattgebügelt.

„Aus allen Bereichen zusammengeklaubt“ definiert Stadtführer Rolf Kürby den Fassadenstil. Wenn die Blicke nach oben gehen, über die „schöne Etage“ Richtung kleiner Dienstbotenfensterreihe, dann bleiben sie hängen an preußischen Adlern und Hansekoggen, an Muscheln und Wappen, Weinlaub und güldenen Kastanienblättern, Widderköpfen und Mähnenlöwen, Akanthus-Kapitellen und Zahnfriesen.

Haus Hulda ist ein Beispiel, an dem Kürby gerne erklärt, was alles „Neo“ ist – hier ist’s der Neo-Klassizismus, dessen römische Kriegerköpfe aus der ersten Etage aufs Fußvolk blicken. Von wohl sieben Sonnenuhren weiß er zu berichten und fordert Schöne-Stunden-Sucher heraus. Er erklärt den „Bauunternehmer-Barock“, wonach nicht nur der Architekt dem Zeitgeist Gestalt gab. Jugendstil-Schönheiten lassen ihre Locken auf zart getönten Fassaden bändigen und Hygieia, die Göttin der Gesundheit, adelt heute das Beate-Uhse-Angebot. Wahre Klassiker sind zeitlos.

„Man zeigte, was man hatte“, wirbt Kürby um Verständnis für die verschwenderische Fülle, unter der manche Fassade fast zu kippen droht. Hier ein Balkönchen im Neo-Barock, dort eine Palazzo-Prise italienischer Renaissance und über allem schweben Engel. Stadtauf, stadtab. Neue Wertschätzung des Alten brachte erst das Denkmalschutzgesetz 1980. Fassaden, die Hammer und Meißel, Wetter und Verwitterung sowie „Bügelattacken“ der Stilpuristen überlebt hatten, erblühten zu neuem Selbstbewusstsein, legten Farbe auf. Kein Grund mehr, die Augen zu senken.

Susanne Kornau

GOTT GRÜSS DIE KUNST

Liebens- und sehenswert

27. Folge: Einen der vielen Kirchen- und Osterbasare besuchen

In Lüdenscheid sprießen vor Ostern nicht nur unzählige bunte Blumen, sondern auch eine Vielzahl von Kirchen- und Kindergartenbasaren. Beeindruckend ist die Vielfalt der dort angebotenen Dinge. Die Augen der Besucher dürfen in Gelb, Rot, Blau, Grün oder zartem Lila regelrecht schwelgen.
Handgearbeitete und gebastelte Sachen warten auf all jene, die diese Osterbasare besuchen. Und es ist sehr gut möglich, dass man Unikate mit nach Hause nimmt. Diese können entweder direkt etwas mit dem Osterfest zu tun haben oder auch zeitlos sein.
Auf dem traditionell am zweiten Wochenende im Monat März stattfindenden Osterbasar der Gemeinde St. Joseph und Medardus fragt eine Vielzahl der Besucher zum Beispiel nach den dicken, gehäkelten Hüttenschuhen oder den etwas feiner gestrickten Socken.

Info:

Vor Ostern finden in Lüdenscheid eine Vielzahl von Kirchen- und Kindergartenbasaren statt. Die Termine sind unter anderem unter www.luedenscheid.de oder www.come-on.de zu finden.
Auch im Lokalteil der LN wird auf diese Basare hingewiesen, deren Erlöse entweder einem sozialen Zweck dienen oder den Einrichtungen selbst zu Gute kommen.

Die Augen der Besucher machen bei den Hüttenschuhen und Socken meist den ersten Test; suchen Farbe und Form aus. Dann sind die Hände an der Reihe. Ist die Wolle auch kuschelig genug? Das Ganze gleicht einem Ritual; liebenswert und sehenswert auf jeden Fall.
Vorsicht ist dagegen bei einem anderen Höhepunkt des Osterbasars im Gemeindesaal von St. Joseph und Medardus geboten. Bei den sogenannten Brauchtumseiern nämlich handelt es sich um eine Rarität, die ihre Wurzeln in Schlesien hat. Und so ist es nicht verwunderlich, dass eine echte Oberschlesierin diese in geduldiger Handarbeit fertigt. Man hat beim Betrachten dieser österlichen Schönheiten die Qual der Wahl. Aber auch „normale“ Ostereier locken die Blicke an.
Nicht nur zu den Ostereiern aus Schlesien gehört eine Geschichte. Aber um diese zu erfahren, muss man eben auf dem Osterbasar gewesen sein. So ist es auch mit den farbenprächtigen feingestickten Socken. Diese sind sogar in Istanbul zu finden. Dort braucht man sie, um eine Moschee zu betreten. Sinnbildlich wird somit schnell der Bogen von Lüdenscheid nach Istanbul geschlagen.
Bei all dem Schauen, Anfassen, Abwägen, Hören und Kaufen umweht die Nasen der Besucher ein wunderbarer Duft nach Kaffee, frischem Kuchen und Herzhaftem. Hier zu widerstehen, ist unmöglich. Danach geht es weiter von Tisch zu Tisch, wo viele schöne Dinge warten. Eine Dame freut sich über den Kauf einer Schürze für Mutter, während andere sich nicht von den ansprechenden handgestickten Tischdecken, Taschen, Seidentüchern, Fensterbildern oder anderem Osterschmuck trennen können. Wieder andere ziehen später mit Frühlingssträußen, Kränzen oder Gestecken von dannen.
Osterbasare in Lüdenscheid sind in jedem Fall ein Muss für all die jenigen, die etwas Besonderes suchen.

Monika-Marie Finke

Für Fans ein absolutes Muss

28. Folge: Electronic Nation in der Schützenhalle mit je 2000 bis 2500 Besuchern

Die Schützenhalle am Loh hat eine mehr als 100-jährige Geschichte. Das Innere des Gebäudes erinnert etwas an eine Kirche – und zweimal im Jahr huldigen hier Anhänger elektronischer Musik den Größen der Szene. Die Electronic Nation, laut Veranstalter eine der größten Tanzveranstaltungen dieser Art in ganz Südwestfalen, fand 2005 das erste Mal statt. Damals organisierten Rock Inc. das Ganze zusammen mit dem Nachtflug-Magazin. Der Abend wurde zum Überraschungserfolg mit immerhin 1000 bis 1500 Besuchern.
Für einige Jahre schlief das Projekt dann ein. Im Herbst 2009 startete Rock Inc. dann zusammen mit der Dortmunder Agentur apeoffice einen neuen Anlauf unter anderem mit den Künstlern Lützenkirchen, Oliver Klein und Ante Perry. Der Erfolg gab den Veranstaltern Recht, und seit 2010 wird die Schützenhalle am Loh zweimal jährlich zum Anlaufpunkt für Fans von treibenden Beats und elektronischen Klängen.
Aber nicht nur die ganz Großen dürfen bei der Electronic Nation auf der Bühne stehen: Im Vorfeld wird immer ein sogenanntes DJ-Battle veranstaltet. Dahinter verbirgt sich ein Wettkampf, bei dem Nachwuchs-DJs in mehreren Runden gegeneinander antreten. Derjenige, den das Publikum dann als Besten kürt, darf die Plattenteller vor Tausenden Fans elektronischer Musik kreisen lassen.
Immer wieder schaffen es die Veranstalter, auch international bekannte Künstler für einen Auftritt in Lüdenscheid zu gewinnen. Denn nicht nur bei den Besuchern, auch bei den Agenturen hat sich Rock Inc. einen Namen gemacht. Zum Teil kommen sogar von dort Anfragen, ob die jeweiligen Künstler bei der Electronic Nation auflegen können.
Zu einem besonderen Erlebnis wird die Veranstaltung auch dank des Einsatz eines ganzen Haufens von Technik: Nicht nur der Ton bei den Auftritten muss stimmen, eine aufwändige Lichtshow rundet das Ganze ebenso ab wie zwei Leinwände, auf denen zur Musik passende Projektionen zu sehen sind. Dafür ist ein eigener Videojockey zuständig. Damit auch nichts passiert, sorgen zudem 20 bis 25 Sicherheitsleute für Ordnung.
Mittlerweile hat sich die Electronic Nation als Veranstaltung etabliert und ist für viele ein fester Termin im Jahresverlauf – zwischen 2000 und 2500 Besucher kommen jedes Mal. Kein Grund also für die Veranstalter, am bewährten Konzept etwas zu ändern.

Andrea Mackenbruck

Info:

Die Electronic Nation findet zweimal im Jahr in der Schützenhalle am Loh statt. Organisiert wird die Veranstaltung von Rock Inc. in Zusammenarbeit mit apeoffice. Karten gibt es unter anderem im LN-Ticketshop. www.electronic-nation.net

Ohne 3-D-Brille und Popcorn

29. Folge: Der Besuch einer Kindertheatervorstellung im Kulturhaus

Wenn an der Scheibe der Theaterkasse im Lüdenscheider Kulturhaus das Schild „Ausverkauft“ hängt, ist das Ziel erreicht. Zumindest aus der Sicht des Teams im Kulturhaus – der spontane Besucher dürfte weniger begeistert sein. Und manchmal kommt man sich dann vor wie vor dem Haupteingang eines Fußballstadions. Der eine hat noch eine Karte, die er nicht gebrauchen kann, der andere ist noch auf der Suche nach einem freien Theatersessel, weil er sich zu spät entschlossen hat. Geld und Karte wechseln die Besitzer, während drinnen schon der Gong ertönt. Ausverkauft sind zumeist die Vorstellung der Kindertheaterreihen. Wer sich hier nicht rechtzeitig kümmert, hat das Nachsehen. Kein Wunder eigentlich, geht es doch in aller Regel um die bekanntesten aller Actionfiguren. Um Pippilotta zum Beispiel oder um Tim, Karl, Klößchen und Gaby, um den kleinen Vampir, das Schlossgespenst und all die herrlich-unkaputtbaren Helden, deren Abenteuer für die Bühne umgesetzt werden.

War die Zeit zwischen Schulschluss, Mittagessen, Hausaufgaben und Theater in den früheren Jahren oftmals knapp, so hat sich die Situation inzwischen entspannt. Im Kulturhaus trug man dem Wunsch vieler Eltern Rechnung und legte den Beginn der Vorstellung erstmals in der Saison 2011/2012 auf 15.30 Uhr.

Die meisten der kleinen Theaterbesucher haben ein Abonnement, erkennbar an dem farbigen Flyer, den sie fest umklammert haben und im Gedränge auf keinen Fall verlieren wollen. Ist der Sitzplatz erstmal erreicht, ist Gemütlichkeit angesagt. Schuhe aus, Gummibärchentüte aus dem kleinen Rucksack. Essen und Trinken ist zwar nicht erlaubt im großen Saal, aber so lange das bei Weingummi und Bonbons bleibt, schauen die Einlass-Damen auch mal weg. Grüßen gehört jetzt zum guten Ton – gelegentlich schallen die Rufe bis hinauf in die Estraden. Still wird’s, wenn das Licht verlischt. Dann reichen die Beine der Zuschauer oftmals nicht mehr bis zum Boden, wenn sie sich in den bequemen Sesseln zurücklehnen. Und nimmt das Stück an Dramatik zu, bleibt sogar die Bärchentüte unberührt im Schoß liegen. Für die ganz Kleinen wird eine gute Stunde durchgespielt, den etwas Älteren gönnen die Ensembles meist schon eine Pause.

Begeistert sind die einen wie die anderen, wenn am Ende der Vorhang fällt. Dann haben sie einen Nachmittag verbracht, dem immer noch etwas Festliches anhaftet. Die kleinen Zuschauer nehmen Eindrücke mit, haben gemeinsam mit ihren Helden gelacht, geträumt, gebangt und gesungen. Und all das ohne 3-D-Brille und Popcorn.

Jutta Rudewig

Info:

Die Theaterkasse ist Montag bis Freitag von 10 bis 13 Uhr und 16 bis 19 Uhr geöffnet, samstags von 10 bis 13 Uhr. Karten verkauft die Theaterkasse des Kulturhauses (Zugang Schillerstraße), telefonische Bestellung jeweils eine halbe Stunde nach Kassenöffnung unter Tel. 0 23 51/ 17 12 99, www.kulturhaus-luedenscheid.de

Das Abendkleid hat Ausgang

30. Folge: Den Königsball der Lüdenscheider Schützengesellschaft besuchen

„Der neu aufgenommene Schütze ist verpflichtet, bei seiner ersten Anwesenheit in der Versammlung die älteren Mitglieder zu bedienen und die Getränke einzuschenken."
Diese Vorschrift findet sich in der Schützenordnung der Lüdenscheider Schützengesellschaft (LSG) – aus dem Jahr 1696. Doch keine Sorge! Wer heutzutage den Königsball der LSG besucht, muss erstens kein Schütze sein und zweitens auch als Novize nicht zum Kellner werden. Überhaupt hat Schützenoberst Friedrich-Karl Schmidt mit seinem engagierten Helferteam mittlerweile einige alte Zöpfe abgeschnitten und dafür zwar viel Beifall, aber auch einige negative Stimmen aus den Reihen des Vereins eingeheimst. So gibt es beim Königsball beispielsweise keinen Uniformzwang mehr. Smoking, Schützen-Smoking, Anzug oder Abendkleid sind angesagt. Dies sorgt für eine äußerst angenehme zivil-festliche Atmosphäre, und mancher Dame ist die Freude darüber anzusehen, endlich einmal wieder ein elegantes langes Kleid tragen zu können.
Apropos Atmosphäre: Einen schöneren Ballsaal als die liebevoll geschmückte altehrwürdige Schützenhalle kann man sich gar nicht wünschen. In Lüdenscheid jedenfalls ist sie absolut konkurrenzlos.
Wo, wenn nicht hier, kann man mit seiner Partnerin zu Walzer- oder Tangoklängen elegant über das Parkett schweben? Wenn man kann.
Dass der äußere Rahmen des Abends stimmt, dafür sorgt schon Monate vorher der Festausschuss. Mit viel Liebe zum oft originellen und witzigen Detail bereiten dessen Mitglieder den Königsball vor. Sie kümmern sich natürlich auch um die Verpflichtung einer – stets hochkarätigen – Musikband.
An diesem Abend geht es stilvoll zu, aber nicht steif. Ob es die großen Abordnungen befreundeter Vereine sind, kleinere private Grüppchen oder auch Paare: Jeder ist willkommen. Je später die Stunde, desto ausgelassener wird gefeiert. Die älteren Semester treten allmählich den Heimweg an. Für die anderen ist dagegen noch lange nicht Feierabend. Während das „Mittelalter" jetzt noch ausgiebig tanzt, muss der eine oder andere Jungschütze spätestens nach Mitternacht erkennen, dass im Bier eben doch Alkohol enthalten ist. Und er kann froh sein, dass die Bestimmung aus dem Jahr 1696 nicht mehr gilt:
„Wer sich bei Zechgelagen derart betrinkt, daß das Genossene auf unnatürlichem Wege wieder das Licht der Welt erblickt, zahlt einen Gulden Strafe."

Willy Finke

1000 Mal wieder aufstehen

31. Folge: Seine Geschicklichkeit in der Skaterhalle unter Beweis stellen

„Oh, mein Gott, ist das hoch!“ Der Blick von der oberen Kante der Halfpipe in die Tiefe flößt doch einiges an Respekt ein. In der Jahnhalle sind neben den riesigen Halfpipes noch allerlei Rampen in verschiedenen Höhen und viele Gelegenheiten zum sogenannten Grinden vorhanden. Damit bezeichnet man Kanten, an denen man mit dem Skateboard oder den Inlineskates entlang rutschen kann.

Sven und Jan sind heute mit ihrem Skateboard und ihren Inline-Skates in der Halle unterwegs. Lässig fahren sie die Rampen rauf und runter und zeigen gewagte Sprünge.

Bereits seit 1996 haben Skater und Biker in der Jahnhalle die Gelegenheit, ihr Können zu verfeinern. 4000 junge Menschen aus Lüdenscheid und Umgebung setzten sich damals mit ihren Unterschriften für eine so vielseitig nutzbare Halle ein. Marco Köhler, Besitzer des Schubidu, war damals an der Aktion beteiligt. Die Stadt sei „sehr bemüht“ gewesen, die Wünsche der Jugendlichen zu erfüllen. Nachdem zunächst zwei Hallen zur Auswahl standen, fiel die Wahl schließlich auf die Jahnhalle.

Und da steht der Neuling nun auf dem geliehenen Skateboard. Was bei den Jungs, die in der Stadt an einem vorbeidüsen und waghalsige Tricks vollführen, so lässig aussieht, ist alles andere als einfach. Es geht darum, das Gleichgewicht gekonnt zu verlagern und ein gewisses Gefühl für das Brett unter den Füßen zu bekommen. Aber dass das alles auch viel mit Einsatz und Können zu tun hat, bestätigt Marco Köhler: „Skater sind bessere Menschen, weil sie so ehrgeizig sind. Sie müssen 1000 Mal wieder aufstehen, weil sie 1000 Mal hingefallen sind.“

Die Skatehalle finanziert sich hauptsächlich durch Zuschüsse der Stadt. Außerdem gibt es den Skateclub Sauerland, dessen Mitglieder einen Beitrag zahlen, um die Halle nutzen zu dürfen. Nichtmitglieder zahlen drei Euro, um ihre Runden zu drehen. Mittlerweile sind die Betreiber der Jahnhalle zudem als freier Träger in der Jugendarbeit engagiert.

Der Bürgerentscheid gegen den Mehrgenerationenspielplatz 2010 war allerdings auch für die Betreiber der Jahnhalle ein Rückschlag. Sie hatten geplant, im Zuge des Baus die Halle an die Kanalisation anzuschließen. Außerdem waren ein Anbau und ein großer Außenpark angedacht. „Jetzt stagniert die Entwicklung“, meint auch Köhler bedauernd.

Andrea Mackenbruck

Info:

Die Jahnhalle kann mit Inlineskates, BMX-Rädern oder Skateboards genutzt werden und hat dienstags bis freitags von 15 bis 20 Uhr sowie samstags von 14 bis 19 Uhr geöffnet. Wer kein Mitglied im Skateclub Sauerland ist, zahlt drei Euro Eintritt. Der Jahresbeitrag für Mitglieder beträgt 78 Euro (für unter 18-Jährige) beziehungsweise 108 Euro. Die Skatehalle befindet sich an der Jahnstraße 14.

Der niemals endende Kampf

32. Folge: An der alljährlichen Aktion „Sauberes Lüdenscheid“ teilnehmen

Feuerlöscher, Elektrogeräte, Heizkörper, Möbel und Autoteile: Jede Menge Unrat erbeuten ehrenamtliche Müllscouts bei der traditionellen Aktion „Sauberes Lüdenscheid“. Jedes Jahr im Frühjahr – kurz vor oder nach Ostern – engagieren sich weit mehr als 1000 ehrenamtliche Müllsammler für eine saubere Stadt und verbringen Stunden damit, das aus den Wäldern, Grünanlagen und Böschungen zu klauben, was andere achtlos wegwarfen oder mutwillig in der freien Natur entsorgten.

Quer durch das Stadtgebiet beschert die ausgeprägte Wegwerfmentalität den Müllsammlern Abfälle aller Art. In vielen abfallverschandelten Gebieten führen Privatpersonen, Vereinsmitglieder, Schüler, aber auch schon Kindergartenkinder mit ihren Eltern einen erfolgreichen Kampf gegen das verschmutzte Umfeld und leisten damit einen erheblichen Beitrag zum Umweltschutz. Von der ersten Stunde an mit im Boot: die Jäger, die ihre Reviere rund um Lüdenscheid von Unrat befreien. Vom Stadtreinigungs-, Transport- und Baubetrieb Lüdenscheid (STL) werden die Ehrenamtlichen mit Müllsäcken, Greifboys und Arbeitshandschuhen für den Frühjahrsputz in der Natur ausgestattet.

„In der Regel kommen 12 bis 14 Tonnen Abfall zusammen“, weiß STL-Werksleiter Heino Lange. An verschiedenen Stellen im Stadtgebiet warten Container in unterschiedlichen Größen darauf, gefüllt zu werden. Immer massiver verbreitet sind das Abkippen von Baumaterialien – Waschbecken, Toiletten und Fliesen – und das wilde Entsorgen von Autoreifen. Das liegt wahrscheinlich daran, dass diese beim Recyclinghof nur kostenpflichtig entsorgt werden können. So kostet der Kubikmeter Bauschutt 27 Euro, für einen Autoreifen ohne Felge müssen 3,08 Euro, mit Felge 4,62 Euro berappt werden. Aber warum sich mancher die Mühe macht, seine ausrangierten Möbel in die Wälder zu wuchten, bleibt unerklärlich: Schließlich kann Sperrmüll kostenlos entsorgt werden.

Dass Aktionstage wie „Sauberes Lüdenscheid“ nicht nur einen ökologischen Hintergrund haben, sondern auch das gesellige Miteinander fördern, zeigt sich jedes Jahr aufs Neue. In geselliger Runde sammeln Erwachsene gemeinsam mit ihren Kindern – meist ausgestattet mit Matschhose und Gummistiefeln – erst Müll, um später gemeinsam mit Freunden oder Vereinskameraden die Grillsaison zu eröffnen. Als Dankeschön für das Engagement der Bürger gibt es traditionell für jeden freiwilligen Müllsammler eine Eintrittskarte für das Familienbad.

Christina Grégoire

Info:

Neben dem Einsatz bei der Aktion „Sauberes Lüdenscheid sind das ganze Jahr über rund 30 STL-Mitarbeiter sowie einige Hartz-IV-Hilfskräfte unterwegs, die für die Beseitigung von wildem Müll eingesetzt werden. Das kostet die Lüdenscheider jährlich 650 000 bis 700 000 Euro, die über die Müllgebühren eingefordert werden.

AUSSER
BETRIEB

Die Bürger sitzen in der zweiten Reihe

33. Folge: Eine Sitzung des Lüdenscheider Stadtrats besuchen / Von Kaugummi bis zur „Liste der Grausamkeiten“

Politik ist langweilig und geht mich nichts an – wer das glaubt, sollte schleunigst eine Sitzung des Stadtrates besuchen. Zugegeben, manchmal sind die Sitzungen recht trocken und vielleicht wirklich ein bisschen langweilig, aber das, was dort auf der Tagesordnung steht, geht im Prinzip jeden Bürger der Stadt an – mal mehr, mal weniger. Und es kann durchaus spannend sein, Politikern bei ihren Streitgesprächen zuzusehen und -zuhören – angefangen von der durch Kaugummi verschmutzten Innenstadt bis hin zur „Liste der Grausamkeiten“, mit der Millionen Euro, letztlich auch zu Lasten aller Bürger, eingespart werden sollen.

Info:

Der Rat ist das wichtigste Beschlussorgan in einer Stadt oder Gemeinde. Der Rat der Stadt Lüdenscheid hat 50 Mitglieder, die von den Bürgern für fünf Jahre gewählt werden. Die Politiker üben ihr Amt ehrenamtlich aus und erhalten lediglich eine Aufwandsentschädigung. Als Gast kann jeder Bürger am öffentlichen Teil einer Ratssitzung teilnehmen.

Die, die entscheiden, sind die gewählten Vertreter der Menschen in der Stadt. Ihnen auf die Finger zu schauen, kann auch richtig Spaß machen, vor allem dann, wenn verhärtete Fronten aufeinander treffen.
Der Ratssaal der Stadt Lüdenscheid ist groß – ein weites Rund mit Tischen markiert die Plätze für alle 50 Ratsmitglieder. An der Stirnseite, unter dem Relief mit dem Schutzpatron der Stadt, dem Heiligen Medardus, hat der Vorsitzende seinen Platz. Bei einer Ratssitzung ist das der Bürgermeister. Flankiert wird er von Vertretern der verschiedenen Fachbereiche und Fachdienste der Verwaltung, die zu den jeweiligen Tagesordnungspunkten ihr Fachwissen einbringen.
Wenn der Rat tagt, sind alle Plätze im Rund besetzt, bei den kleineren Ausschüssen ist das nicht der Fall. Für die Zuhörer gibt es Plätze „in der zweiten Reihe“, entlang der Fensterfront. Die „zweite Reihe“ ist durchaus wörtlich zu nehmen: Wenn der Rat oder Ausschüsse tagen, sind Bürger im öffentlichen Teil durchaus willkommen. Zu Wort melden dürfen sie sich aber nur in der öffentlichen Fragestunde zu Beginn oder wenn der Vorsitzende die Sitzung unterbricht.
Manchmal überrumpeln Gruppen die Politiker mit Protestaktionen, manchmal müssen Sachverhalte auch erst geklärt werden, bevor eine Anfrage beantwortet werden kann. Das gilt im übrigen auch für Themen, die die gewählten Volksvertreter einbringen. Nicht immer gibt es sofort eine Antwort darauf, ob zum Beispiel eine neue Straßenbeleuchtung sinnvoll ist. Manchmal ist der Stadtrat auch gar nicht zuständig – dann bleibt nur das Gespräch mit Landtags- oder Bundestagsabgeordneten.
Eine Ratssitzung spiegelt ein breites Kaleidoskop nicht nur des Lebens in der Stadt wider, sondern auch menschlichen Verhaltens. Und das kann spannender sein als Kino.

Bettina Görlitzer

„24 Liter schon beim Start weg“

34. Folge: Bei der Oldtimer-Rallye des Lions Clubs mitfahren

Der Weg ist das Ziel, finden Oldtimer-Fahrer. Auch deshalb sind Rallyes so beliebt, weil es nicht um Geschwindigkeit geht, sondern um Gemeinsamkeit. Die suchen Volantritter aus nah und fern hier am liebsten bei der alljährlichen Oldtimerrallye des „Lions Club Lüdenscheid Lennetal“. Das Alter der bereiften Veteranen liegt zwischen 30 und 70, ihr Wert ist schon mal siebenstellig, ihr Liebhaberwert unbezahlbar.
Sie alle machen sich, blank poliert und gut gerüstet, mit gerne stilecht gekleideter Besatzung regelmäßig im Mai auf ein 120-Kilometer-Schaufahren (mal mehr, mal weniger) rund um Lüdenscheid. Die Fahrer haben sich ihren Jugendtraum erfüllt, haben das Auto geerbt oder der Gattin geschenkt („Sonst hätte ich ihn nie haben dürfen“). Sie zahlen klaglos fürs Benzin, pfeifen auf Verbrauch, Airbag und Anschnallpflicht – weil's oft keine Gurte gibt.

Info:

Organisiert und veranstaltet wird die Rallye „Rund um Lüdenscheid“ seit 2005 von Werner Hennig vom Lions Club Lüdenscheid-Lennetal. Der Reinerlös kommt dem Hospiz im Amalie-Sieveking-Haus zugute. Teilnahmeberechtigt sind Automobile bis einschließlich Baujahr 1981.

Letzte Checks vorm Start ergeben falsch eingeschraubte Zündkerzen am Volvo („Hoffentlich hält der alte Schwede“) und komische Klänge bei Startnummer 13 („Bloß nicht die Kupplung!?“). Der Audi Horch weckt Ehrfurcht bei Zaungästen („Da sind 24 Liter schon beim Start weg“), ein anderes mobiles Schaustück ist drei Jahre älter als ein Mittvierziger-Mitorganisator („... und hat sich eindeutig besser gehalten“).
Die Stimmung ist bestens, man ist unter Freunden, auch wenn man sich vorher nicht gekannt haben sollte. Das ist aber unwahrscheinlich. Ein freundliches Aufblinken hier, etwas Fachsimpelei dort – Leidenschaft verbindet.
Die Stopps sind genau geplant, und mit etwas Glück und technischer Unterstützung (vom Beifahrer, natürlich), findet auch jeder hin. Hilfreich könnte – muss aber nicht – eine originell bestückte Hilfsmittelbox im Kofferraum sein.
Letztlich, das wissen erfahrene Rallyepiloten, zählen Einfallsreichtum und Improvisationstalent mehr. Wie mittags, als bei der Einfahrt auf den Gasthofparkplatz jeder einen unterwegs zu findenden 100-Gramm-Stein abzuliefern hat. Einem Team gelingt die weitgehend exakte Gewichtsermittlung mit Hilfe einer selbst entwickelten Haribo-Tütenwaage, Ungeduldige stoppen kurzerhand vorm Discounter und legen die Fundstücke auf die Gemüse-Kontrollwaage. Ein Damenteam löst die Aufgabe mit kokettem Augenaufschlag – per 200-Gramm-Stein („Für jede 100 Gramm“).
Manchmal zählen eher Können und Kenntnis als Kreativität und Koketterie: Das Dezibel-Standgeräusch am Auspuff schätzen, genau zwischen zwei Begrenzungen parken, Schilder zählen, eine exakte Durchschnittsgeschwindigkeit fahren – das erfordert Konzentration, Gefühl fürs Fahrzeug und gerne auch Hintergrundwissen. Wenn's fehlt, ist auch das nicht schlimm. Hauptsache, es hat wieder Spaß gemacht.

Susanne Kornau

30

4
MK SE 350H

Naturwissenschaft für Kinder

35. Folge: An einem Wissenstag der Phänomenta teilnehmen

Einmal im Jahr fliegen in der Phänomenta Lüdenscheid die Fetzen: Immer dann nämlich, wenn die Redaktion der WDR-Kindersendung Lilipuz am großen Wissenstag zum Experimentieren einlädt, zeigt auch Chemieprofessor Hans-Dieter Barke aus Münster seine Entertainerqualitäten. Da explodieren wasserstoffgefüllte Luftballons, verglühen Pflanzensporen, und immer liegt Barkes Auftritt am Ende der Vorträge der Kinderuniversität. Denn anschließend muss gründlich gelüftet werden.
Jährlich kommt der WDR in die Phänomenta, die mit dem Wort „Technikmuseum“ nicht adäquat benannt ist. Denn das Wort „Museum“ klingt zu sehr nach Distanz, Objekten in Glasgästen und hochwachsamem Aufsichtspersonal, das Kinder besonders gern zurückhält. Doch in der Phänomenta ist alles anders:

Info:

Die Phänomenta Lüdenscheid ist ein interaktives Museum, das Kindern und Erwachsenen über experimentelles Erfahren und eigenes Ausprobieren einen neuen Zugang zu Naturwissenschaften vermitteln will. Sämtliche der über 130 Experimente zu Mechanik, Optik, Elektrizität und Akustik können von den Besuchern auch am einmal jährlich stattfindenden WDR-Wissenstag wie gewohnt erkundet und ausprobiert werden.
Das Technikmuseum hat die Adresse Gustav-Adolf-Straße 9 bis 11.

Die Experimentierstationen laden die kleinen Besucher nicht nur zum Anfassen, sondern vor allem zum Ausprobieren ein. Und die Kinder haben danach ganz zwanglos etwas über die Erzeugung von Energie, die Statik einer Brücke, Klangphänomene oder haltbare Schatten gelernt. Für die Wissenstage arbeiten der Phänomenta-Verein und die WDR-Lilipuz-Redaktion zusammen. Die Radiomoderatoren bekommen eine Lilipuz-Live-Sendung aus Lüdenscheid, und für die Kinder vor Ort ist der Wissenstag im Jahresverlauf der spannendste, den sie in der Phänomenta erleben können. In Workshops mit Wissenschaftsjournalisten, Moderatoren und Mitarbeitern des Phänomentavereins erkunden sie Eigenschaften von Stoffen und Flüssigkeiten, bauen Radios, Musikinstrumente, Raketenantriebe oder anderes Spannendes aus dem großen Reich der Technik. Für all jene, die auch durch aufmerksames Zuhören und Zuschauen lernen können, gibt es kleine Vorlesungen nach dem Modell einer Kinderuniversität, in denen Hochschuldozenten und Professoren ihre Fähigkeiten zur anschaulichen Darstellung erproben können. So kommen Kinder und einige glückliche Erwachsene in den Genuss, Neues über Haifischzähne, die Weltraumfahrt oder die Künste geschickter Nachahmung in der Natur zu lernen. Immer wieder ist dabei das Wissen der jungen Besucher gefragt, und bei vielen Themen können sie auch selber auf der Bühne mitwirken. Legendär ist jene Vorlesung, in der ein Kind mit der Hilfe eines Flaschenzuges einen ganz starken Kerl besiegte. Nur bei den Auftritten von Chemieprofessor Hans-Dieter Barke gilt konsequent: „Abstand halten!“ Der Mann muss achtgeben, dass ihm selbst nicht alles um die Ohren fliegt.

Thomas Krumm

Ohne Freiwillige geht's nicht

36. Folge: Das Tierheim Dornbusch des Tierschutzvereins besuchen

Diese traurigen Augen hinter den Gitterstäben bleiben einem lange in Erinnerung und werfen Fragen auf: Fragen zu einer oft schicksalhaften Vergangenheit und einer ungewissen Zukunft.

Doch es gibt Menschen, die sich dieser Schicksale liebevoll annehmen. Neben Tierheimleiterin Anna-Lena Pieper sorgen die drei Pflegerinnen Elke Pohl, Marlene Möller und Sara Roggensack für die Schützlinge im Tierheim Dornbusch, versorgen sie mit Futter, reinigen die Unterkünfte, verteilen bei Bedarf Medikamente und bringen sie, wenn es sein muss, zum Tierarzt.

Aber es gibt auch viele ehrenamtliche Helfer im Tierheim, Leute, die sehr tierlieb sind, aber aus verschiedenen Gründen selbst kein Tier halten können. So wie Silvia Urban. Die Mittvierzigerin kommt mehrmals in der Woche nach Feierabend, um mit den Hunden Gassi zu gehen. Sie erzählt: „Aufgrund der Tierhaarallergie meines Sohnes können wir leider selber keinen Hund halten." So verbringt sie jede freie Minute im Tierheim, kennt alle Hunde mit Namen und ihre Eigenarten – und hat während der Spaziergänge auch immer Zeit für ein paar Streicheleinheiten.

Der 1. Vorsitzende des Tierschutzvereins, Manfred Hardy, bedauert: „Viele Tiere sind Spontankäufe oder Geschenke. Wenn die Welpen dann größer werden, oder erste Probleme mit dem Tier auftreten, werden sie abgegeben." In regelmäßigen Abständen können aber auch Tiere vermittelt werden. „Kleine, gut verträgliche Hunde und zahme Katzen werden relativ schnell vermittelt", weiß Anna-Lena Pieper.

Wer hier arbeitet, ob ehrenamtlich oder hauptberuflich, braucht gute Nerven. „Es geht schon enorm an die Psyche, wenn ausgesetzte oder misshandelte Tiere abgeholt werden müssen. Die sind oft in einem katastrophalen Zustand. Aber es macht auch Spaß, ihnen das Leben zu verschönern", berichtet die Tierheimleiterin.

Unterhalten wird das Tierheim Dornbusch vom Tierschutzverein Lüdenscheid und Umgebung. Der Vorstand klagt aufgrund vieler gestiegener Kosten über finanzielle Probleme. „Allein die Ölrechnung ist in den letzten Jahren von 8000 auf 12 000 Euro gestiegen, an Müllabfuhr sind rund 7000 Euro jährlich zu zahlen. Die Tierarztkosten belaufen sich auf etwa 40 000 Euro jährlich. Auch Strom, Wasser und Futter sind teurer geworden", beklagt Manfred Hardy. „Im Gegenzug bröckeln uns immer mehr Einnahmen weg. Allein in den letzten Jahren haben wir etwa 150 Mitglieder durch Todesfälle oder Umzüge in Seniorenheime verloren."

Über die Hälfte der Kosten wird durch Spenden gedeckt. Der Rest finanziert sich aus Erträgen, die das Tierheim erwirtschaftet.

Christina Grégoire

Info:

Freiwillige Helfer sind immer gerne gesehen: Kinder und Jugendliche, die in ihrer Freizeit Ställe säubern, mit den Tieren spielen und schmusen; Erwachsene mit handwerklichem Geschick für Reparaturarbeiten, Gassigänger. (Tierheim Dornbusch, Dornbusch 1, Schalksmühle, Tel. 0 23 55 / 63 16)

Mit dem Bus nach Neuenhof

37. Folge: Eine Busrundfahrt durch Lüdenscheid und Umgebung mitmachen

Mit dem Reisebus über die Brenscheider Straße, durch verkehrsberuhigte Ortslagen mit wenigen Häusern, weiter über die Neuenhofer Straße bis zum Schloss, dort gewendet und über den Kreisverkehr am Schäferland zur Talstraße, die Gartenstraße hinauf zum Sauerfeld. Geht nicht? Geht doch – auch wenn so mancher Autofahrer im Ausflugsverkehr an diesem strahlenden Sonntagnachmittag sich nicht aufs Fluchen hinter geschlossenen Scheiben beschränkt, sondern dem Busfahrer recht eindeutige Handzeichen gibt.
Eine Rundfahrt mit dem Stadtführerdienst lohnt sich auch für alteingesessene Lüdenscheider, vielleicht sogar nicht nur eine. Denn für die Stadtführer und Busfahrer gibt es keine feste Route. Sie entscheiden spontan, nach Wetter, nach Baustellenlage oder vielleicht auch danach, was sie selbst gerne zeigen möchten. An diesem sonnigen Sonntagnachmittag sitzt Daniel Loos neben Busfahrer Winfried Ortmann. Als zweite Stadtführerin ist Linda Behrendt dabei. Treffpunkt ist der Bahnhof, alle haben sich Wochen vorher angemeldet. Kurzentschlossene haben keine Chance, denn wenn jemand abspringt, gibt es eine Warteliste.
„Ab in die Natur" entscheidet Daniel Loos. Also geht es über die Heedfelder Straße stadtauswärts. Denn überschrieben ist die Tour grundsätzlich als Fahrt „durch Lüdenscheid und Umgebung".
Wie es sich für eine Stadtrundfahrt gehört, liefert Daniel Loos die passenden Informationen zu den Sehenswürdigkeiten. Am Kreishaus gibt es die aktuelle Statistik zur Bevölkerungsentwicklung, und mit dem Gewerbegebiet am Buckesfeld geht die Information über die Geschichte der Industrie in Lüdenscheid einher. Schließlich liegt auch Erco als Unternehmen von Weltruf an der Strecke. Ein kleiner Abstecher ins Gewerbegebiet südlich Heedfeld rundet das Ganze ab – denn Lüdenscheid wäre bekanntlich nichts ohne seine Fabriksken –, bevor es die Klagebach hinunter durch das beschauliche Schalksmühle geht.
Die Stimmung im Bus ist gut. Ganze Gruppen sind gemeinsam unterwegs oder Familien. Schnell kommen auch Menschen miteinander ins Gespräch, die sich bisher gar nicht kannten – spätestens bei der obligatorischen Kaffeepause im Café Backhaus an der Kalver Straße, die zu jeder Rundfahrt dazugehört.
Und die Stadtrundfahrt ist auch ein bisschen Abenteuer, wenn Winfried Ortmann den Bus über Serpentinen durch den Wald zwischen Hellersen und Versetalsperre lenkt oder später eben auch in Richtung Neuenhof. Kaum eine Straße ist zu schmal für den versierten Fahrer. Komfortabler ist es da schon auf dem Höhenweg – „dem schönsten Weg in der Umgebung", wie Daniel Loos sagt. Und den möchte er seinen Mitfahrern auf keinen Fall vorenthalten.

Bettina Görlitzer

Info:

Der Stadtführerdienst der Stadt Lüdenscheid bietet im Frühjahr und Herbst jeweils mehrere Termine für Fahrten durch Lüdenscheid und Umgebung an. Der Fahrpreis beläuft sich auf 13 Euro für Erwachsene und 4,50 Euro für Kinder bis einschließlich zwölf Jahre (Stand 2012).

Begrenztes Seh-Vergnügen

38. Folge: Den Homertturm besteigen und ins Märkische Sauerland schauen

Die 93 Stufen gehen in die Beine. Konzentration ist gefragt. Eng schmiegt sich die Treppe an die Wand des tonnenförmigen, nach oben schmaler werdenden Homertturms, der auf einem achteckigen Fundament gebaut ist. Rechts bietet das Eisengeländer Halt und die nötige Sicherheit. Beim Blick von oben in die Tiefe wirkt es wie ein Kunstwerk. Die Tür hinaus auf die Aussichtsplattform lässt sich nur schwer öffnen. Der Wind pfeift gerade kräftig dagegen. Immerhin steht der Besucher jetzt gute 560 Meter über dem Meeresspiegel. Der Rundblick über das Märkische Sauerland könnte weit bis ins Bergische Land gehen oder auch direkt auf die nahe gelegene Versetalsperre, doch die Aussichten sind begrenzt. Eigentlich diente der Turm ausschließlich dem Zweck des „Seh-Vergnügens", wie es in der Denkmal-Beschreibung der Stadt heißt. Fichten sind in all den Jahren – glücklicherweise – gut gewachsen und begrenzen die Aussichten. Aber der Blick ins Ebbegebirge im Süden ist möglich, auch ein Teil der Sauerlandlinie ist zu sehen. Was alles zu betrachten wäre, ragte der 22 Meter hohe Turm völlig frei und unberührt von der Natur in den Himmel, ist auf den schon zum Teil vermoosten und verwitterten Platten zu lesen, die am Geländer in allen vier Himmelsrichtungen angebracht sind. Immerhin bieten sie Orientierung, und dies war laut Begründung für die Eintragung in die Denkmalliste auch eine der Ursachen für die Errichtung: Die Menschen bauten in der zweiten Hälfte des 19. Jahrhunderts Aussichtstürme, „um ihre eigene Umgebung zu erschließen und bewundern zu können. Wanderungen in der Umgebung wurden Bestandteil der Freizeit, die im Zusammenhang mit der industriellen Entwicklung entstand."
Zurück in die Gegenwart: Der Reiz der Aussicht ist durch die Begrenzung zwar ein wenig verflogen, doch Aufstieg und Abstieg im Turm gehören einfach dazu, wenn Besucher die Homert im Naturpark Ebbegebirge erkunden. Rund um den Turm laden Bänke zum Verweilen ein und – wenn die Homerthütte geöffnet ist – können sie sich auch mit Kaffee und Kuchen oder Kaltgetränken stärken, bevor sie sich auf wunderschöne kurze oder auch längere Wanderungen begeben können. An dieser Stelle sollen nur einige erwähnt werden: So bietet sich eine Tour ins benachbarte Naturschutzgebiet Stilleking an, wo mit Glück auch einige Heckrinder zu bestaunen sind. Die Versetalsperre ist ebenso reizvoll wie die vergleichsweise kleine Jubachtalsperre, aber, wer mag, kann auch stundenlang durch die Wälder rund um dem Homertturm streifen. Die Natur bietet nicht nur aus der Vogelperspektive herrliche Aussichten.

Martin Messy

Info:

Der Aussichtsturm wurde 1894 vom Sauerländischen Gebirgsverein (SGV) errichtet und 1960 erneuert. Er wurde Ende September 2005 in die Denkmalliste der Stadt eingetragen. Eigentümer ist der SGV. Wegen Vandalismus ist er in der Regel nur an Wochenenden und Feiertagen von 13 bis 17 Uhr geöffnet. Die Turmbesteigung kostet für Erwachsene 50 Cent, für Kinder 20.

HOMERT
540 m ü.M.
ERRICHTET 1894
ERNEUERT 1960
S.G.V. LÜDENSCHEID

Das kleine, schöne Abenteuer

39. Folge: Im Riesenrad „Liberty Wheel" über der Hohen Steinert schweben

111 DINGE DIE MAN IN Lüdenscheid GETAN HABEN MUSS

New York hat seine Freiheitsstatue, Lüdenscheid sein „Liberty Wheel", ein 38 Meter hohes Riesenrad, das einmal im Jahr für eine Woche auf dem Schützenplatz Hohe Steinert steht.
Dem Bürger-Schützen-Verein (BSV) verdanken die Bergstädter und zahlreiche Besucher von auswärts die „größte Kirmes des Sauerlandes" und das Gastspiel des Riesenrades der Familie Gormanns aus Düren. Alle, denen die wilden Fahrgeschäfte der Kirmes respektvolle Gedanken an ihren Magen eingeben, finden hier die Ruhe und das kleine, schöne Abenteuer, das sie weit über die Niederungen der Wipfel des Sauerlandes erhebt.
Wer einen spektakulären Blick auf Lüdenscheids Zentrum erwartet, wird möglicherweise enttäuscht. Natürlich taucht beim Blick in Richtung Innenstadt die Christuskirche auf, und das Zentrum ist zu ahnen.

Info:

Das Riesenrad „Liberty Wheel" ist 38 Meter hoch, steht auf einer Grundfläche von 22 mal 18 Metern und hat etwa 18000 Brennstellen, also Lampen. Mit seinen 26 Gondeln wiegt es 125 Tonnen.

Gut im Blick sind hingegen die Gebäude der Berufsschulen am Raithelplatz und der „Tower of Temperature", ein Überbleibsel der Lüdenscheider Lichtrouten, der dem gewieften Deuter der verschiedenfarbigen Punkte die Temperatur anzeigt. Auf der anderen Seite taucht aus der grünen Hölle der Fichtenplantagen die Firma Insta auf, als stünde sie ganz allein im Wald. Doch der interessanteste Blick geht nach unten auf die anderen Fahrgeschäfte der Kirmes, die Buden, Futterkrippen und Geisterbahnen. Vor allem im Dunkeln bietet die beleuchtete Kirmes einen prächtigen Anblick.
Mag die Reise auf 38 Meter auch nicht so strapaziös sein wie andere Fahrgeschäfte, so ist es doch ein besonderes Erlebnis, dort oben zu hängen, während das Rad unten mal wieder neue Passagiere aufnimmt. Auch die niedrige Bordwand sorgt dafür, dass der Reisende mit einem gewissen Respekt in die Tiefe schaut. Doch irgendwann heißt es auch nach diesem relativ ausgedehnten Vergnügen „Aussteigen!".
Doch das ist zu verschmerzen, denn es wartet ja noch eine riesige Kirmeswelt auf den Abenteurer. Nur vor einem „Vergnügen" sollte er großen Respekt haben: Im Jahr 2010 verunglückte der „Commander" bei seinen wilden Schlingerbewegungen, im Frühjahr 2012 gab es in Bremen einen erneuten Unfall bei diesem Fahrgeschäft. So ist es unwahrscheinlich, dass der „Commander" noch einmal zu dem beliebten Volksfest auf der Hohen Steinert zurückkehren wird.

Thomas Krumm

Vom Tonklumpen zum Gesicht

40. Folge: Einen Kurs in der Kulturwerkstatt Alte Schule mitmachen

111 DINGE DIE MAN IN Lüdenscheid GETAN HABEN MUSS

Klatsch! Mit einem satten Schmatzen fällt der Tonbrocken auf den Tisch. Thomas Wewers, Leiter der Kulturwerkstatt Alte Schule, hat allen Mut zugesprochen. Es soll laut sein, rappeln und rumsen. „Der Ton muss geschmeidig werden, Leute. Lasst es krachen.“ Das muss er den Anwesenden nicht zweimal sagen. Nach einer kurzen Phase der Zurückhaltung werfen alle den Ton auf die Tische, dass es nur so scheppert. Kaum ist der Fladen breit geschlagen, wird er mit kleineren Tonstücken beworfen – je höher die Maskenpizza belegt ist, desto besser. „Und jetzt schaut euch eure Klumpen an. Wie sehen sie aus? Könnt ihr schon so was wie ein Gesicht erkennen?“ Ja, ein bisschen darf man hier sogar Gott spielen – auch wenn hier nicht wie im Buch Genesis der Bibel ganze Menschen, sondern nur Gesichter erschaffen werden.

Info:

Die Kulturwerkstatt ist Teil der integrativen Arbeit des Johannes-Busch-Hauses, einer Einrichtung des Johanneswerks für Menschen mit Handicap. In der Alten Schule Oberrahmede bieten Thomas Wewers und seine Mitstreiter vielfältige Angebote im Bereich Theater, der bildenden Kunst und der Kleinkunst an. www. kulturarbeit.com.

Beim Maskenbaukurs der integrativen Kulturwerkstatt heißt es, Formen wahrzunehmen, sie aus dem Material herauszukitzeln, Mut zur Übertreibung zu haben.

„Die Nase geht noch größer und krummer, meinst du nicht?“, fragt Thomas Wewers mit einem Lächeln und schon wächst der Zinken ins Monströse, bekommt Pickel und mindestens zehn herrliche Brüche verpasst. Auch die Augenbrauen pumpen sich auf, Brauenborsten sprießen und machen damit der oberen Gesichtspartie vom ehemaligen CSU-Finanzminister Theo Waigel Konkurrenz. „Deine Maske sieht ja aus wie Dobby“, grinst Thomas Wewers beim Blick auf eine andere im Entstehen begriffene Maske. Der Maskenbauer selbst hat von Dobby noch nie gehört und bekommt nun ganz nebenbei noch eine Einweisung in den Plot der Harry-Potter-Geschichten, in denen besagter Hauself eine nicht unerhebliche Rolle spielt.

Nach rund zwei Stunden sind aus den zehn Tonklumpen Gesichter geworden – jedes anders, jedes eigen, jedes besonders. Doch wie wird nun aus diesem Tonantlitz eine Maske? „Das verrate ich nächste Woche“, lacht Thomas Wewers, erklärt aber dann, dass ein ganz besonderes Papier, das aussieht wie sehr weiche Pappe, eine entscheidende Rolle beim weiteren Bauprozess spielen wird. „Und dieser Schleim hier“, deutet der Chefmaskenbauer auf einen Bottich voller Kleister. Nach drei Wochen, vielen Trockenrunden mit dem Heißluftfön und gefühlten tausend Pinselstrichen später sind die Masken endlich fertig. Und warten auf ihre Premiere im Rosengarten. Denn eine selbsterarbeitete Stegreifpantomime mit Maske soll den rauschenden Abschluss des Kurses bilden. Begleitet von Musik wandeln die Masken heiteren Sinnes durch den Rosengarten oder über den Graf-Engelbert-Platz, schäkern mit Passanten und „erzählen“ von Blumen, Besen und der Liebe.

Thomas Krumm

Frauen zahlen weniger

41. Folge: Ein Fußballspiel von Rot-Weiß Lüdenscheid ansehen

Wer Fußball vor allem aus dem Fernsehen kennt oder von Nachbarskindern, die auf der Straße kicken, muss nicht gleich große Stadionluft schnuppern, um sich ein Spiel live anzusehen. Auch am Nattenberg, der Heimstatt von Rot-Weiß Lüdenscheid, wird regelmäßig Fußball gespielt, und auch dort geht es um Liga-Punkte, wenn auch „nur“ in der Bezirksliga. Gekämpft, gejubelt und über Schiris geschimpft wird auch dort.
Wer aber nicht regelmäßig seine Sonntagnachmittage auf Sportplätzen verbringt, dürfte sich über einige Dinge wundern. Los geht es für weibliche Fußballfans schon an der Kasse. „Vollzahler“ steht da, zahlen vier Euro. Aber das gilt nicht für Frauen – sie gehören zur Gruppe derjenigen, die ermäßigten Eintritt zahlen, ebenso wie Rentner oder Sozialhilfeempfänger. Auch durch die weithin sichtbare Flutlichtanlage sollten sich Besucher nicht täuschen lassen. Im großen Stadion aus Zeiten der zweiten Bundesliga wird seit einigen Jahren nicht mehr gespielt. Der Kunstrasenplatz liegt direkt nebenan. Dort tummeln sich entlang der Absperrung und auf der Terrasse des Umkleidegebäudes an diesem schönen Frühlingstag rund 250 Fans beider Mannschaften. Tabellenführer FC Lennestadt ist der Gegner. Obwohl die Rot-Weißen die Chancen auf den Aufstieg bereits vergeben haben, ein Spitzenspiel der Liga.
Aber so wie die erste Hälfte eher dahin plätschert, so plätschern auch die Unterhaltungen der Zuschauer dahin. Die eine oder andere Flasche Bier wird geköpft, es riecht nach Gegrilltem. Auch nach Spielbeginn kommen noch Zuschauer, manchmal ganze Familien mit mehreren Generationen. Bekannte werden begrüßt. „Wie steht's?“ fragt ein Neuankömmling, und die Antwort heißt (beim Stand 0:0): „4:0 für Lennestadt.“ Mit der familiären Stimmung ist es aber schlagartig vorbei, als in der 51. Minute das erste Tor fällt. Die folgenden 40 Spielminuten werden brisant. Weitere vier Tore, zwei rote Karten für den Gegner, der dennoch gewinnt. Die Zuschauer fiebern mit, geben Kommentare ab, schimpfen auf den Schiedsrichter. Richtig heftig geht es auf dem Platz und am Spielfeldrand zur Sache. Aber mit dem Schlusspfiff wird es wieder friedlich. Bedröppelte Lüdenscheider ziehen in die Kabine, die Lennestädter feiern sich als Tabellenführer.
Wer braucht da noch die Bundesliga? Fußballspannung gibt es vor der Haustür.

Bettina Görlitzer

Info:

Als Gründungsdatum von Rot-Weiß Lüdenscheid gilt der 17. Oktober 1908. Damals wurde der „Lüdenscheider Fußball-Klub 08“ als ältester Fußballverein der Stadt gegründet. Dieser wurde nach dem ersten Weltkrieg zu den Sportfreunden Lüdenscheid 08. Aus dem am 6. Mai 1910 gegründeten Fußballclub Fortuna 1910 wurde der RSV 1910 Lüdenscheid-Höh. Diese beiden schlossen sich 1971 zu Rot-Weiß Lüdenscheid (RWL) zusammen. Größte Erfolge waren die Saison 1973/74 in der Regionalliga-West (damals 2. Bundesliga) und 1977 bis 1981 das Erreichen der 2. Bundesliga Nord. Internet: www.rwl-online.com.

Kremer

Bitte außen herum

42. Folge: Mit dem Fahrrad rund um Lüdenscheid unterwegs

Wer Lüdenscheid mit dem Fahrrad erkunden möchte, sollte das Zentrum meiden und stattdessen lieber in die Peripherie der Stadt radeln. Dort gibt es einige attraktive Fahrradrouten, auf denen der Radler bei einigem Ehrgeiz die Stadt umrunden kann – vorausgesetzt, er ist bereit, der Topographie zu trotzen und in unvermeidlichen Steigungen eine Herausforderung zu sehen. Fahrradwege darf der Besucher kaum erwarten: Fast immer muss er sich den Fahrweg mit den Autos teilen. Nehmen wir einmal an, ein Besucher beträte die Stadt mit seinem Drahtesel am Bahnhof. Er befindet sich dort auf einer Höhe von 415 Metern – keine schlechte Voraussetzung für den Start der Stadtumrundung. Fast immer muss der Radler zunächst große Ausfallstraßen hinter sich bringen: Die relative Ruhe der Bahnhofsallee, mitten durch Lüdenscheids „Neue Mitte" mit Fachhochschule und dem Institut für angewandte Lichttechnik, ist da schon ein Hoffnungsschimmer. Wer dem Lauf der Bahnhofsallee folgt, kommt auf die vielbefahrene Altenaer Straße, die der Radler aber in Kauf nehmen sollte: Wenn er kurz hinter der Stadtgrenze zu Altena in Altroggenrahmede nach rechts in die Gottmecke abbiegt und sich den Berg hinaufkämpft, erwartet ihn eine ganz andere Welt: Parkähnlich und ausgesprochen lieblich kommt die Landschaft hier daher. Dort, wo die Straße die A45 kreuzt, stößt der Reisende auf die letzten Kilometer des Drahthandelsweges von Iserlohn nach Lüdenscheid. Ihm folgend geht es bis zur Kreuzung Werdohler Straße/Lennestraße und von dort über die Glatzer Straße zur Bräuckenstraße und bald darauf zur Talstraße, der der Reisende in Richtung Brügge so lange folgen sollte, bis links die Neuenhofer Straße auftaucht. Hier beginnt ein äußerst lieblicher Abschnitt der Fahrradtour, der den Radler an Schloss Neuenhof vorbei durch das Mintenbecker Tal nach Oberbrügge führt. Hier geht es endlich abwärts. Über die B 54 gelangt der Ausflügler zum Brügger Bahnhof, der die Chance bietet, dem drohenden Anstieg aller Wege in Richtung Lüdenscheid-Zentrum zu entkommen. Wer noch viel Kraft hat, kann einen weiteren schönen Abschnitt der Straßen um Lüdenscheid in Angriff nehmen: Wer der B54 weiter folgt in Richtung Schalksmühle, stößt unweigerlich auf die Einmündung der Oedenthaler Straße. Sie bietet prächtige Ausblicke, aber auch schweißtreibende Anstiege in Richtung Lüdenscheid-Mitte.

Info:

Das Fahrradfahren leidet in Lüdenscheid unter der Topographie mit relativ großen Höhenunterschieden, der oft chaotischen Verkehrsführung und dem Desinteresse an akzeptablen Fahrradrouten. Immerhin gibt es eine Vielzahl von Hinweisschildern speziell für Fahrradfahrer. Für die beschriebene Tour ist ein Elektrofahrrad zu empfehlen, das dem Radler den Atem lässt, die Tour auch zu genießen.

Thomas Krumm

Herscheid 18
Schloß Neuenhof 3,6
Halver 15
Lüdenscheid 0,4

Ein sehr langer Golftag

43. Folge: Das Sonnenaufgang-Turnier im Golfclub Gelstern mitspielen

111 DINGE DIE MAN IN Lüdenscheid GETAN HABEN MUSS

Es ist früh. Sehr früh sogar. So früh, dass der Mensch im Allgemeinen eher mürrisch ist, wenn er um diese Zeit nicht mehr schlafend sein Bett bewachen darf. Die Uhr zeigt gerade 6 Uhr. Es ist der Tag des Sonnenaufgang-Turniers in Gelstern. Irgendwo zwischen Lüdenscheid und Schalksmühle haben 28 Golfer ihr Schlafzimmer eingetauscht gegen die kurz geschnittenen Grüns der 18-Loch-Anlage.
Am „Tee 1“ – dem Abschlag der ersten Bahn – stehen vier Golfer. Ihre Laune ist gut, es ist bereits ihre zweite Bahn an diesem Tag.
„Natürlich ist das ein ganz besonderes Turnier“, sagt Daniel Maiworm. Er ist Spielführer des Golfclubs Gelstern.
Dem Betrachter fällt auf, was das Besondere ist: die totale Stille. Klubmanagerin Svenja Reinhold-Barnes sagt: „Es ist dieses Zusammenspiel zwischen Mensch und Natur. Das macht die ganz besondere Atmosphäre aus.“
Um 5.30 Uhr starten die sieben Flights von sieben verschiedenen Löchern aus auf die Runde. Es ist ein „Kanonenstart“, wie es Golfer nennen, wenn parallel an mehreren Löchern gestartet wird.
Auf dem Rasen liegt noch der Morgentau. Man erkennt die Spur des vorherigen Flights. Die Spur der Trolleys, in denen die Spieler, die jetzt schon irgendwo anders auf dem Platz herumlaufen. Auch die Bahn des Balles nach dem Aufprall zeichnet sich auf dem Rasen ab.
„Das hat man nur um diese Zeit“, sagt Svenja Reinhold-Barnes, „man sieht jeden Fußtritt, spielt auf Nebelschwaden zu. Manchmal taucht am Rande des Waldes ein Tier auf. Eine größere Entspanntheit beim Golf gibt es nicht, deshalb spielen ja manche Golfer auch von Zeit zu Zeit alleine um 6 Uhr eine Runde.“
Diese Atmosphäre am Ende einer der kürzesten Nächte des Jahres gibt es beim GC Gelstern nur am Fronleichnamstag. Wenn davon die Rede ist, dass die Flights um 5.30 Uhr starten, vergisst man gerne, dass vor der Runde auch noch das Einschlagen wartet. Ab 4.30 Uhr tummeln sich die Aktiven rund ums Klubhaus, schlagen ein paar Bälle, putten und bewegen sich dann müde, aber in froher Erwartungshaltung auf ihren Startpunkt zu.
Diesmal haben die Aktiven besonders viel Spaß, denn das Wetter ist viel besser, als es nach den Vorhersagen zu erwarten gewesen war. An regnerische Turniertage erinnern sich die Golfer nicht so gerne zurück – das Erlebnis der puren Natur macht eben am meisten Spaß, wenn das Wetter mitspielt. Genau genommen, sind es an diesem Tag also nicht 28, sondern 29 Starter in Gelstern gewesen.

Thomas Machatzke

Info:

Der Golfplatz des GC Gelstern ist 84 Hektar groß und befindet sich auf der Grenze zwischen Schalksmühle und Lüdenscheid im Norden der Bergstadt. Die 18-Loch-Runde ist für die Herren auf dem Idealweg 5747 Meter lang - meist indes werden weit mehr Meter gemacht. Für die Damen ist jede Bahn etwas kürzer ausgelegt, so dass für sie die offizielle Platzlänge bei 5131 Metern liegt. Die sehr bergige und deshalb durchaus schwierige Anlage ist ein „Par 71“-Platz. Neben den 18 Löchern auf der normalen Runde gibt es noch einen Kurzplatz mit vier Löchern.

„Der Besitz von Büchern macht mich glücklich“

44. Folge: Den Bücherflohmarkt in der Stadtbücherei besuchen / Schon seit gut 20 Jahren kommt die Veranstaltung sehr gut an

111 DINGE DIE MAN IN Lüdenscheid GETAN HABEN MUSS

Schon kurz bevor der Aktionsraum der Stadtbücherei seine Pforten öffnet, sitzen und stehen sie auf der Treppe oder vor dem Eingang – große und kleine Schnäppchenjäger. Bücher zu Kilopreisen haben im Vorfeld Mitarbeiter der Ehrenamtbörse unter Regie der Profis aus der Stadtbücherei, nach Sachgebieten sortiert, ausgelegt. Die Jagd kann beginnen, und die Profis unter den Flohmarktbesuchern sind schnell ausgemacht. Sie schnappen sich einen kleinen Einkaufskorb und schon nach kurzer Zeit sind sie nicht mehr ansprechbar, versinken, den Kopf über die Bücher gebeugt, in Klappentexten, blättern das eine oder andere Exemplar kurz durch und schieben sich nach und nach zum nächsten Tisch oder zu den Regalen. Krimis, Biografien, Sachbücher, Romane, Kinderbücher – das Spektrum ist breit und abwechslungsreich. Die Welt der Literatur ist groß und weit.

Schon seit gut 20 Jahren gibt es den Bücherflohmarkt. Die Beschäftigten der Stadtbücherei durchforsten immer wieder den Medienbestand und sortieren veraltete oder etwas vermackte und verschmutzte Exemplare aus und bieten sie auf dem Flohmarkt an. Wer viel liest, weiß, wie schnell schon einmal, vertieft in die Lektüre, unbeabsichtigt ein Kaffeefleck auf eine Seite gerät oder ein kleiner Schokoladensplitter zwischen die Seiten fällt. Das schmälert nicht die Inhalte, aber den Preis. Laut Flohmarkt-Preisliste kosten Bücher bis zu einem Gewicht von 500 Gramm einen Euro, pro weiterem halben Kilo kommt ein Euro hinzu. Die Liebhaber dicker Wälzer und dazu möglichst noch als Hardcover müssen also tiefer in die Tasche greifen als Taschenbuch-Fans. Auf einer schönen, alten Waage mit einer Höchstlast von 30 Kilogramm können die Schnäppchenjäger ihre Bücher stapeln und das Gewicht ablesen. Je mehr sie mitnehmen, desto preiswerter wird’s. Da ist natürlich die Verlockung gewaltig, so richtig zuzulangen, auch wenn sich daheim die Bücherregale schon biegen.

Doch den echten Literaturliebhaber stört das herzlich wenig. Nicht wenige gehen, nachdem sie bei den freundlichen Mitstreitern der Ehrenamtbörse, die manchmal ein wenig schmunzelnd „viel Spaß beim Lesen“ wünschen, bezahlt haben, schwer bepackt mit kostbaren Schnäppchen nach Hause. Wie wusste doch der Philosoph Michel Eyquem de Montaigne bereits im 16. Jahrhundert: „Der Besitz von Büchern macht mich satt und glücklich. Es können Tage, ja Monate vergehen, ohne dass ich in sie hineinsehe, doch fühle ich mich unsäglich beruhigt und geborgen, in dem Gedanken, dass sie bei mir sind, um mich zu erfreuen, wenn ich sie brauche.“

Martin Messy

Info:

Mehrmals im Jahr werden aus dem Bestand der Stadtbücherei ausgesonderte Medien preiswert angeboten. Die Termine sind dem Veranstaltungskalender der Stadt unter www.luedenscheid.de und den Ankündigungen in den Lüdenscheider Nachrichten zu entnehmen.
In der Regel öffnet der Flohmarkt an einem Freitag von 15 bis 18.30 Uhr und den Samstag darauf von 10 bis 13 Uhr.

Flohmarkt
DER FEMINISTISCHEN THEOLOGIE
Costa Brava
Michael Jordan
TIME
Fritz Dopp Berlin.
Höchstlast

Klangvolles Gemäuer

45. Folge: Eine geführte Turmbesteigung in der Erlöserkirche mitmachen

Der Turm der Erlöserkirche ist weder besonders hoch noch architektonisch auffällig. Dennoch ist er ein Wahrzeichen der Stadt, dessen monumentaler Charakter sich erst so richtig offenbart, wenn man ihn von innen sieht. Mehr als zwei Meter dick sind die Bruchsteinmauern des Bauwerks, das sowohl als Kirchturm als auch als Wehrturm und Rüstkammer gebaut wurde – vor rund 1000 Jahren. Er ist eines der ältesten und bedeutendsten Bauwerke im Märkischen Sauerland.
Die barocke Spitze kam 1785 hinzu.
Der Weg hinauf ist für einen Kirchturm nicht weit. Allerdings wird man mangels Fenstern auch nicht mit einem Ausblick belohnt. Ein besonderes Erlebnis ist der Aufstieg dennoch. Von der Empore der Kirche führt eine Tür zum schmalen, leicht gewendelten Treppenaufstieg des Turmes.
Es sind nur wenige Stufen bis zur nächsten Ebene, aber festes Schuhwerk ist auf dem unebenen Grund ratsam. Dort angekommen, offenbart sich der Wehrturm: Neben der Treppe gibt es eine schmale Luke in der Wand, durch die Angreifer, die nur einzeln die Treppe erklimmen konnten, bei Bedarf, beispielsweise mit einem Speer, leicht hätten abgewehrt werden können. Ob das je notwendig war, ist nicht bekannt.
An einer Luke schimmert das Kirchenfenster der später vorgebauten Wand hindurch. Die etwa 180 Anker, die von außen wie ein Gestaltungsmerkmal am weißen Turm wirken, haben Gegenstücke im Innern. Sie sind dazu da, die Mauern gegen Schwankungen zu sichern.
Ein großer Holzschrank dominiert die erste Ebene. Er verbirgt ein filigranes Gebilde aus bronzenen Zahnrädern – das mechanische Uhrwerk der Kirchturmuhr aus dem Jahr 1877. Wer sich durch den zweiten schmalen Treppenaufgang bewegt, nähert sich dem Kirchengeläut.
Eine Holzstiege, nicht viel mehr als eine Leiter, ermöglicht den finalen Aufstieg – „Kopf einziehen!“, heißt es wegen der Balkenkonstruktion, die die fünf Glocken trägt. Das Geläut wurde 2000 erneuert und mit einem Holzglockenstuhl versehen. „Holz verzieht sich nicht bei Temperaturschwankungen“, erklärt Günter Rövenstrunk. Die große Festtagsglocke, die nur zu besonderen Anlässen und Feiertagen erklingt, wiegt rund 200 Kilogramm und hat einen Durchmesser von 1,49 Metern. Hin und wieder erlauben sich die Turmführer, ihr durch das Anschlagen mit dem schweren Schlegel einen Ton zu entlocken.
Je nachdem, wer bei der Turmbesteigung dabei ist, gibt es auch mal Kindheitsanekdoten aus der Altstadt zu hören. Denn der Weg auf den Kirchturm ist bei Lüdenscheidern genauso beliebt wie bei Touristen.

Bettina Görlitzer

Info:

In den Monaten April bis Oktober ist die Erlöserkirche jeweils samstags von 11 bis 13 Uhr für Besucher geöffnet. Dabei besteht zum einen die Möglichkeit, einen Moment an einem Ort der Stille innezuhalten. An jedem ersten Samstag im Monat besteht außerdem die Gelegenheit, in Begleitung von Wolfgang Veese, Günter Rövenstrunk oder Sieglinde Binder auf den Turm zu steigen.

ZUM VATER
A·D 1917 + AUS EISEN

J.F. WEULE

Lokales Lebensthema

46. Folge: Mit Matthias Wagner über die Ge-Denk-Zellen sprechen

111 DINGE DIE MAN IN Lüdenscheid GETAN HABEN MUSS

„Ich mache die Tür schon wieder auf“, sagt Matthias Wagner. Es ist ein sonniger Vormittag auf der Wilhelmstraße. Als die schwere Tür ins Schloss fällt, wird es dunkel in der Zelle, die im Alten Rathaus lange als Zelle für Häftlinge gedient hat und nun eine „Ge-Denk-Zelle“ geworden ist. Nur ein ganz kleines bisschen Licht schimmert noch durch die Lüftungsschlitze. Die Situation ist beklemmend, selbst für wenige Sekunden. So also sind Menschen festgehalten worden. So mancher Gauner (was die Umstände nicht besser macht), aber auch solche, die nichts verbrochen hatten. Juden, Kommunisten, Andersdenkende.
Ein unwirtlicher Ort, kalt und trostlos. Eine abscheuliche Vorstellung.
In den Ge-Denk-Zellen informieren Tafeln über die Opfer des Nazi-Regimes in Lüdenscheid – über den Friseur Hermann Massalsky zum Beispiel, der verfolgt wurde, weil er Kommunist war. Oder über die christlich-jüdische Familie Klütter. Sieben Jahre nach der Idee, einen Ort „des Gedenkens, der Information und des Lernens“ zu erschaffen. Matthias Wagner hat die Tür wieder aufgesperrt. Nun sitzt er da und erzählt. Der Historiker und Pädagoge ist der Vorsitzende des Ge-Denk-Zellen-Vereins. Wagner ist einer, der im Gespräch das Gedenken wach hält. Eine lebendige Zelle des Gedenkens. Die Opfer des Nazi-Regimes in Lüdenscheid – das ist für den Katholiken aus Köln in seiner neuen Heimat zu seinem Thema geworden.
Wagner erzählt von seinem Buch über Zwangsarbeiter in Hunswinkel und darüber, wie er sich über die Ausstellung „Lockung und Widerstand“ geärgert hat. „Die schlimmen Menschenrechtsverstöße kamen da gar nicht vor. Holocaust, Diskriminierung, Euthanasie – die Zeit des Nationalsozialismus kam aus meiner Sicht sehr positiv weg“, erinnert er sich, „ich hielt das für unangemessen, weil mir immer mehr Opfer der Zeit bekannt wurden.“ Es ist spannend, dem 66-Jährigen zuzuhören.
Die Geschichte, die er erzählt, ist nicht nur die schlimme Nazi-Geschichte – es ist auch die Geschichte des Umgangs mit dieser Vergangenheit.
„Wir sollen aufmerksam werden gegenüber den Gruppen, die damals wie heute benachteiligt werden. Menschen mit anderer politischer Meinung“, sagt Wagner und führt mit Leidenschaft aus, „es geht um die demokratische Umgangsform, auch um Respekt gegenüber Menschen mit Behinderungen. Und es geht darum, dem Antisemitismus und dem gewalttätigen Denken und Handeln auf dem rechten Flügel der Gesellschaft etwas entgegenzusetzen. Zu zeigen, dass man, wenn man sich radikalisiert, das Zusammenleben der Menschen zerstört. Gewalt führt zu immer mehr Opfern auf beiden Seiten – das ist kein menschlicher Weg in die Zukunft.“ Den aber wünscht sich Wagner. Deshalb wird er weiter mahnen und gerne von dieser Geschichte erzählen.

Thomas Machatzke

Info:

Die Ge-Denk-Zellen sollen immer mittwochs für die Öffentlichkeit zugänglich sein. Betrieben werden sie vom Verein „Ge-Denk-Zellen Altes Rathaus“. www.ge-denk-zellen-altes-rathaus.de.

Erschossen
im April 1945
Hermann Massalsky, Friseur,
wurde 1879 in Insterburg (Ostpreußen)
geboren. 1911 heiratete er
in Lüdenscheid Lina Schumacher
aus der Mintenbecke.
Massalsky kehrte aus dem Ersten Weltkrieg mit Auszeichnung, aber auch mit
Kriegsverletzung zurück. In der Zeit der Weimarer Republik näherte er sich
der Kommunistischen Partei und wurde vielleicht auch Mitglied – jedenfalls
kandidierte er 1929 bei den Kommunalwahlen für die KPD.
Auch nach der Regierungsübernahme der Nationalsozialisten verbarg er
seine Gegnerschaft zu diesem Regime nicht, das sogleich mit der Verfolgung
und Verhaftung politisch Andersdenkender begann.

Lecker auf lauschiger Lichtung

47. Folge: In freier Natur picknicken und sich an der Aussicht ergötzen

Stimmt ja gar nicht, dass es in Lüdenscheid immer nur regnet – und dass man hier deshalb auch kein Picknick auf grüner Wiese unter blauem Himmel genießen kann. Denn statistisch gesehen regnet es hier nach Einschätzung heimischer Wetterfrösche auch nicht mehr als anderswo. Und hübsche Flecken Erde, auf denen man sich niederlassen, die Landschaft betrachten und lecker essen und trinken kann – die gibt es hier allemal in Hülle und Fülle.

Was braucht es also, um in Lüdenscheid ein gelungenes Picknick zu veranstalten? Zunächst mal – natürlich – eine Wolldecke. Und zwar, weil wir immerhin im Sauerland leben, am besten eine mit einer Aluminium-Beschichtung. Die sinnvollste Maßnahme gegen einen kalten und feuchten Popo.

Und wir brauchen, was für Picknicks allerorten gilt:
ausreichend Leckerchen in fester und flüssiger Form. Also Stullen und Pülleken Bier für die eher rustikale Variante oder: Antipasti aus heimischem Feinkosthandel, knackiges Baguette und einen fruchtigen Wein. Wer keine tiefgefrorene Kühlmanschette für den Weißen hat – ein kräftiger Roter verträgt auch sommerliche Temperaturen.

So ausgestattet, bieten sich für das Picknick – aus dem Französischen: „Im Freien essen" – in erster Linie Wiesen und Lichtungen am Stadtrand an. Im Stadtpark etwa, nahe der Waldbühne, hat der Picknick-Freund zwar den Vorzug, nicht weit von der Innenstadt entfernt zu sein – aber auch den Nachteil, nicht völlig ungestört zu sein.

Ein schönes Terrain mit Lichtungen und viel Platz bietet die Nurre im Süden der Kreisstadt. Von dort aus ist es für Wanderer nur ein Katzensprung bis zum Naturschutzgebiet Stilleking, wo abseits der Wege lauschige Flecken mit bester Aussicht zum Picknick verführen. Die Nähe zur Homert bietet zudem die Chance, in Etappen zu speisen und zu trinken und sich an der Umgebung zu ergötzen. Das gilt auch für den Norden der Stadt, wo im Bereich Vogelberg und Buschhausen sanft geschwungene Hügel und sattes Grün zum Verweilen einladen.

Doch überall gilt: Kalte oder warmgehaltene Speisen sind erlaubt, Grillen und Lagerfeuer sind streng verboten. Behördlich geregelt ist auch der Umgang mit den Hinterlassenschaften.

Also: Immer hübsch die Reste und den Müll einpacken und brav wieder mitnehmen!

Olaf Moos

Gegen inneren Schweinehund

48. Folge: Beim AOK-Firmenlauf mit mehr als 5000 Gleichgesinnten mitmachen

Ob groß oder klein, alt oder jung, dünn oder dick – einmal im Jahr steht die Lüdenscheider Innenstadt im Zeichen einer imposanten Läuferbewegung. Nahezu 6000 Menschen sind dann aktiv auf den Beinen, weitere Zigtausend am Rande einer knapp sechs Kilometer langen Strecke schauen ihnen bei diesem Treiben zu.
Es ist die Zeit des Firmenlaufs, bei dem es um alles geht, nur nicht um sportliche Rekorde. Für viele ist der aktive Part, der seit Jahr und Tag unter dem Motto „Laufen fürs Betriebsklima“ steht, gar nur lästiges Beiwerk. Ein Bierchen plus Bratwurst, vielleicht noch ein Zigarettchen vor dem Start lassen da schon Gedanken aufkommen, direkt auf dem Rathausplatz zu verweilen und Läufer Läufer sein zu lassen. Wie gut, dass es da aber noch die vernünftige Kollegen gibt, die einen bei der Ehre packen.
Also gut, etwas widerwillig wird die Partymeile verlassen und der Weg zum Startbereich gesucht. Ist doch auch besser so, schließlich haben wir eine umfangreiche Vorbereitung hinter uns, sind in den vergangenen drei Monaten viermal gelaufen und das soll ja schließlich nicht alles für die Katz gewesen sein. Irgendwo in weiter Ferne ertönt dann urplötzlich ein Startschuss und ein nicht enden wollender Lindwurm setzt sich in Bewegung. Doch was heißt schon Bewegung: Angesichts der Massen gehen wir gefühlte zwei Kilometer, ehe erstmals ein leichter Trab angesagt ist. Der Schock folgt auf der Heedfelder Straße: Gerade richtig warm geworden, kommen uns die Ersten schon wieder entgegen. Wo die wohl abgekürzt haben? – Egal, weiter geht’s.
Und langsam, aber sicher packt einen auch selbst das Fieber. Schaute man gerade noch voller Neid auf die Zuschauer, hätte dem ein oder anderen am liebsten das Bierchen aus der Hand gerissen, so erwacht der Ehrgeiz. Und tatsächlich stellt sich ein Erfolgserlebnis ein, denn nachdem man geschätzte viertausend Mal überholt worden ist, sind auch wir jetzt an der Reihe, jagen in einem Höllentempo an einem Vater mit Kind auf den Schultern vorbei. Adrenalin pur schießt durch den Körper, so müssen sich Sieger fühlen. Erst recht, als im Ziel noch feierlich eine Medaille überreicht wird. Jetzt kann ohne schlechtes Gewissen abgefeiert werden. Hurra, auf ein Neues im nächsten Jahr.

Marc Kusche

„Alles muss frisch sein“

49. Folge: Eine Pause an den Lüdenscheider Autobahnraststätten einlegen

111 DINGE DIE MAN IN Lüdenscheid GETAN HABEN MUSS

Transferleistungen von West nach Ost sind seit Jahren ein heikles Thema und beschäftigen schon die Gerichte. Schließlich geht es um viel Geld. Umgekehrt klappt das seit noch mehr Jahren geradezu reibungslos. Dabei geht es um Kulinarisches. Im ersten Fall handelt es sich um milliardenschwere Solidarbeiträge von Ländern und Kommunen, im zweiten um Mahlzeiten zwischen den Sauerland-Raststätten vis-à-vis an der A 45 in unmittelbarer Nähe der Anschlussstelle Lüdenscheid-Mitte. Hier funktioniert der Ost-West-Dialog reibungslos.

Aber über Geschmack lässt sich bekanntlich nicht streiten. Deshalb gibt es auch die regionalen Besonderheiten, die Kochprofis entzweien, wenn es um die Frage geht: „Was macht eine echte Currywurst aus?“

Für Sauerland-Ost-Chefkoch Jarek Wronski steht unmissverständlich fest: „Mit kalter Sauce geht das gar nicht.“ Das brächten zwar Berliner fertig und würden dafür auch noch medial mit Kanzler-Konterfei gepriesen, aber hierzulande sei eines der Lieblingsgerichte eben nur mit warmer Tunke genießbar. Überhaupt gebe es an Raststätten für die eiligen Reisenden die klassischen Gerichte: neben Currywurst auch Schnitzel, Frikadellen und natürlich Pommes.

Das aber ist für den erfahrenen Koch mit mehr als 20-jähriger Erfahrung längst nicht die gesamte Bandbreite des Angebots. So kamen zur Fußball-WM in Deutschland auch regionale Spezialitäten auf die Speisekarte. Das hat er bis heute so fortgesetzt, wenngleich die Gäste aus dem Ausland mitunter etwas irritiert vor der Auslage stehen. „Wie soll man einem Niederländer die Vorzüge von Grünkohl erklären?“

Gegenüber, im sauerländischen Westen, hat Bettina Schütt um 7 Uhr morgens ihre ersten Gäste versorgt – mit Kaffee, Rühreiern, Brötchen und natürlich der Tageszeitung. Seit fünf Jahren lebt sie in Lüdenscheid, seit einem Jahr versorgt sie die Gäste im Westen. Die warmen Suppen zum Beispiel kommen als Transferleistung aus dem Osten – nicht über die Autobahn, sondern auf speziellen Zuwegen – die Versorger wie Rettungsfahrzeuge benutzen. Um 6 Uhr hat an diesem Morgen ihre Schicht begonnen, und es ist „klasse“. Das auch dann, wenn mit der einen Hand der Speck in der Pfanne gewendet und mit der anderen Hand telefoniert wird, weil eine Warenlieferung nicht komplett war. Davon merkt ihr Stammgast an diesem wie auch an jedem anderen Morgen nichts. Er lässt sich seine Rühreier ungerührt schmecken – berührt allenfalls bei der Zeitungslektüre. Stammgäste gibt es hüben wie drüben, ob beim Frühstück oder bei Kaffee und Kuchen.

Geschäftsreisende können sich etwas abseits in einem Raum im Stil der 50er- Jahre über Bilanzen und Kooperationsmodelle unterhalten.

Von den Wänden schauen Elvis, Humphrey Bogart, Marilyn Monroe und James Dean zu. „Gestört hat diese illustre Gruppe bislang niemanden“, lacht Bettina Schütt.

Bernd Eiber

Info:

24 Stunden haben die Raststätten Sauerland-Ost und -West an der A 45 geöffnet. Sauerland-West liegt in Fahrtrichtung Frankfurt, Ost in Richtung Norden.

Raststätte Sauerland West
Hier! Ist die Pause zu Hause
Ab 18:00 Uhr
unser besonderes Angebot für Sie
bis 24:00 Uhr
ASTSTÄTTE SAUERLAND
Herzlich
Willkommen

Im gemütlichen Biergarten

50. Folge: Das Gartenfest des LMQ mitfeiern / Mit Gesang und Spezialwurst

Picknicks gehören in Lüdenscheid zur Tradition. Jeder Verein bietet dabei seine eigenen Spezialitäten an. Beim Lüdenscheider Männerquartett (LMQ) sind das die Spezialwurst und Reibeplätzchen, aber auch das besondere Ambiente im Biergarten der Gaststätte Crummenerl.

Das LMQ gehört mit seinem Picknick zu den ersten im Jahr. Denn die Sänger haben sich den Biergarten stets für das Pfingstwochenende gesichert. Am Samstag geht es los – und schon für den Nachmittag haben sich die ersten der befreundeten Chöre angemeldet, um nicht nur gemeinsam mit den LMQ-Sängern zu feiern, sondern auch, um mit kurzen Auftritten die Gäste zu erfreuen. Am Sonntag zum Frühschoppen folgen weitere – und ein Auftritt des LMQ selbst.

Info:

Das Lüdenscheider Männerquartett (LMQ) zählt zu den traditionsreichen Lüdenscheider Chören. Gegründet wurde es 1910. Von Beginn an hatten sich die Mitglieder dem qualitativ hochwertigen Gesang verschrieben. Entsprechend trägt das LMQ seit 1972 den Titel „Meisterchor des Sängerbundes NRW“ (heute Chorverband NRW) und verteidigte den Titel inzwischen zum achten Mal in Folge. Geprobt wird mittwochabends ab 19 Uhr im Foyer der Schützenhalle. Neue Sänger sind jederzeit willkommen. Weitere Infos gibt es im Internet unter www.lmq1910.de.

Zwischen Bierstand, Sitzecke und Hauswand finden die Chöre immer einen Platz, um sich aufzustellen. Viele der Sänger bringen Familie und Freunde mit. Vergessen werden darf nicht die von den Sängerfrauen gut bestückte Kuchentheke. Wenn das Wetter mitspielt, dann geht das Picknick bis in den frühen Morgen.

Das LMQ spricht übrigens, wie viele andere auch, selbst nicht mehr vom „Picknick“. „Gartenfest“ heißt es bei Crummenerl inzwischen etwas zeitgemäßer und zum Ambiente passend. Der Biergarten wird schon von Generationen von Wirtsleuten als Picknickplatz für das LMQ und den TV Friesen zur Verfügung gestellt. Die Anlage zwischen Schlittenbacher und Schützenstraße liegt zwischen der Gastwirtschaft und der Turnhalle der freien Christlichen Grundschule und gehört zu den schönsten Biergärten der Stadt. Das Areal bietet mit einer großen Wiese Platz für eigene Stände, Pavillons und Spielangebote für die Kinder. Die kleinen Besucher probieren auch gerne in Opas oder Omas Auftrag ihr Losglück bei der Tombola.

Auf der Wiese baut das LMQ seinen Grill auf – für die Reibeplätzchen und die Spezialwurst. Von der überdachten Weinbar aus haben die Besucher einen Blick über den tiefer gelegenen Biergarten. Gegebenenfalls stehen auch Pavillons auf der Wiese. Sie bieten wahlweise Schutz vor Regen oder Sonne, allerdings kaum vor Kälte. Wenn dann das Wetter passt – nicht zu warm und nicht zu kalt –, stimmt die Basis, damit genügend durstige und hungrige Menschen kommen und ein geselliges Beisammensein für die ganze Familie gelingen kann. Und wer ohne Kinder kommt, geht am Samstagabend auch schon mal richtig spät nach Hause.

Bettina Görlitzer

LMQ

Zunft KÖLSCH

LMQ
LMQ

Mit Popcorn und Plastikstuhl

51. Folge: Einen Film beim Open-Air-Kino auf dem Rathausplatz gucken

111 DINGE DIE MAN IN Lüdenscheid GETAN HABEN MUSS

Eine große Leinwand, zentral aufgestellt vor dem Postgebäude. Große Lautsprecherboxen daneben. Viele Reihen mit rund 400 Plastikstühlen in gebührendem Abstand davor – damit auch niemand Genickstarre bekommt und alle gut sehen können. Einmal im Jahr mutiert der Rathausplatz zum großen Kinosaal. Auch wenn es eine Veranstaltung der Jugendeinrichtungen ist – letztlich ist jeder willkommen.
Schon lange vor Beginn des Films trudeln die ersten potenziellen Zuschauer ein. Manche kommen ganz gezielt, um sich einen speziellen Film anzuschauen – für andere zählt vor allem das Gemeinschaftserlebnis.
In aller Regel werden für das Open-Air-Kino massentaugliche Filme für fast jedes Alter ausgesucht, die aber auch einen gewissen Anspruch erfüllen.

Info:

Seit zehn Jahren organisieren das Jugendkulturbüro sowie die Kinder- und Jugendeinrichtungen der Stadt mit Hilfe von Sponsoren jährlich eine Kino-Open-Air-Veranstaltung. Los geht es mit einem Rahmenprogramm. Erst mit Einbruch der Dunkelheit, also gegen 22 Uhr, wird der Film gezeigt.

Der Eintritt ist frei.

Die Stühle und die Leinwand wecken die Neugier. Nicht jeder, der vorbeikommt, hat die Ankündigungen vorher mitbekommen. Manche bleiben spontan, als sie hören, dass es einen Film gibt. Andere nutzen die Gelegenheit für ein Getränk am Bierwagen. Aber viele kommen ganz gezielt, nach und nach füllen sich die Reihen, manchmal mit ganzen Familien mit Kindern, Eltern und Großeltern. Wer schlau ist, hat für den recht kühlen Sommerabend vorgesorgt und eine Decke mitgebracht oder zumindest an warme Kleidung gedacht. Inzwischen wird auch die Popcorn-Maschine angeheizt. Ein Film ohne eine volle Tüte mit aufgepoptem Mais ist eben kein wirkliches Kino-Erlebnis.
Nach und nach senkt sich die Dunkelheit über den Platz, so dass es schließlich heißt „Film ab". Es entsteht eine interessante Atmosphäre irgendwo zwischen der Konzentration in einem Kinosaal und der Stimmung eines belebten Platzes. Es ist durchaus möglich, sich ungestört zu fühlen, um sich auf den Film zu konzentrieren. Wer sich aber zwischendurch ablenken lässt, sieht Menschen vorbeikommen, die stehenbleiben, auf die Leinwand sehen und nach ein paar Minuten entweder weitergehen oder sich einen Platz suchen. Die eindeutig erkennbaren Orte in Lüdenscheid, wie das Ehrenmal oder der inzwischen abgerissene Bahnhof, faszinieren viele Zuschauer. Von denen, die von Anfang an dabei sind, haben nicht alle die Geduld, bis zum Ende zu bleiben. Vielleicht ist einigen zu kalt, vielleicht mögen einige die abgehackte Erzählweise des Episodenfilms nicht. Wieder andere stehen auf und gehen zwischendurch etwas trinken oder holen Popcorn. Wenn der Platz hinterher besetzt ist, setzt man sich woanders hin.
Im Open-Air-Kino gelten eben andere Regeln. Da ist es auch die Atmosphäre, die zählt, und nicht nur der Film.

Bettina Görlitzer

e plus
POLAT

Mit mediterranem Flair

52. Folge: Eine Lüdenscheider Partnerstadt besuchen / Leuven in Belgien

Eine Studentenstadt, in der das Leben pulsiert – erst recht, wenn das internationale Freilufttheaterfestival „Leuven in Scène“ an vielen Standorten in der Stadt mit zum Teil spektakulären Aktionen für Unterhaltung sorgt: ein Besuch in Lüdenscheids belgischer Partnerstadt Leuven lohnt sich.

Mit einer Entfernung von rund 300 Kilometern ist Leuven die am nächsten gelegene Partnerstadt Lüdenscheids, gefolgt von Den Helder. Warum Leuven die richtige Wahl für eine Partnerstadt ist, erfahren die Bergstädter, die mit Einheimischen ins Gespräch kommen: „Lüdenscheid kenne ich“, sagen viele. Entweder waren sie selbst als Soldat in Lüdenscheid stationiert oder die Eltern. Viele gegenseitige Besuche, auch ganz private, prägen die Partnerschaft. Ein geführter Stadtrundgang bietet sich für ein erstes Kennenlernen an. Das historische Rathaus und die Sint-Pieterskerk beeindrucken mit ihrer Architektur, aber auch die überall gegenwärtige Universität, die Architektur der Häuser und der Beginenhof gehören zu den Sehenswürdigkeiten im unmittelbaren Zentrum. Fast das ganze Jahr über bietet der Leuvener Veranstaltungskalender verschiedene Aktionen. Das Schlemmerfest Hapje Tapje im August wird wieder mit Lüdenscheider Beteiligung stattfinden.

Bei „Leuven in Scène“ lässt es sich gut einfach drauf loslaufen. An vielen Stellen in der Stadt ist etwas los: Im Stadtpark reiht sich ein Comedy- und Zirkus-Akt an den nächsten. Abschließender Höhepunkt ist an beiden Abenden des Festivals eine große, spektakuläre Parade einer spanischen Künstlertruppe mit Musik und Feuerwerk. Tausende von Menschen sind unterwegs, aber von drangvoller Hektik ist überhaupt nichts zu spüren. Viel mehr herrscht mediterrane Gemütlichkeit an den lauen Frühsommerabenden. Unzählige Cafés und Restaurants laden ein.

Für jeden Geschmack ist in der Vielzahl der internationalen Spezialitäten etwas dabei. Ganz zu schweigen von einer riesigen Auswahl an Biersorten. Allerdings sollte die Wahl mit Bedacht getroffen werden – und einem Blick auf den Alkoholgehalt.

Es gibt in Leuven viele Grünanlagen. Unter anderem lockt der älteste Botanische Garten Belgiens zu einem entspannenden Abstecher.

Leuven ist der beste Beweis: Lüdenscheids Partnerstädte sind eine Reise wert.

Bettina Görlitzer

Info:

Lüdenscheid hat insgesamt sechs Partnerstädte. Neben Leuven sind das Den Helder in den Niederlanden (seit 1980), Calderdale/ Brighouse in Großbritannien (seit 1983/1950), Myslenice in Polen (seit 1989), Romilly-sur-Seine in Frankreich (seit 1991) und Taganrog in Russland (seit 1991).
Das Gertrud-Bäumer-Berufskolleg und die Adolf-Reichwein-Gesamtschule pflegen Schulpartnerschaften in Myslenice, das Bergstadt-Gymnasium mit Romilly und Taganrog. Auch die Gesamtschule hat Partner in Taganrog.
Außerdem kommen Praktikanten aus Russland nach Lüdenscheid.
Mit Den Helder wachsen verstärkt Kontakte über den Sport. Infos zu allen Städtepartnerschaften gibt es bei Wolfgang Löhn, Tel. 0 23 51 / 17 16 59.

Mehr als ein Theaterbesuch

53. Folge: Eine Vorstellung der Lüdenscheider Altstadtbühne anschauen

111 DINGE DIE MAN IN Lüdenscheid GETAN HABEN MUSS

Ohne ein Stück der Lüdenscheider Altstadtbühne gibt es keine Theatersaison in Lüdenscheid. Das Ensemble gehört mit seiner mehr als 30-jährigen Tradition zu den festen Größen im kulturellen Angebot der Stadt. Das bedeutet, dass für die vielen treuen Besucher und Fans bereits der Kartenvorverkauf zu einem festen Termin wird. Vorbei sind zwar die Zeiten, als man am besten schon morgens um sechs seinen Stuhl aufstellte, um sich einen guten Platz in der Warteschlange zu sichern. Aber allzu lange sollte man dennoch nicht warten, wenn der Vorverkauf für die jeweilige Staffel begonnen hat.

Info:

Seit 1977 gibt es die Lüdenscheider Altstadtbühne. Der eingetragene Verein hat es sich zur Aufgabe gemacht, das kulturelle Leben der Stadt mit eigenen Theaterinszenierungen zu bereichern. Häufig im Repertoire sind Boulevard-Komödien beliebter Autoren. Seit 1990 sind die Premieren im Oktober zur Tradition geworden. Die Spielzeit zieht sich dann über zwei Staffeln bis in den April. Seit 2008 gibt es auch wieder eine Junge Bühne, die in der Vorweihnachtszeit Kinderstücke aufführt. Deren Einnahmen werden jedes Jahr bis auf einen Selbstkostenanteil einer sozialen Einrichtung gespendet. Weitere Infos über die Altstadtbühne gibt es im Internet unter www.luedenscheideraltstadtbuehne.de.

Auch für den Tag der Aufführung ist es ratsam, sich nicht den Vorstellungsbeginn, sondern den Einlass eine Stunde vorher zu notieren, sonst entgeht einem der halbe Spaß des Besuches.
Im vereinseigenen Theater an der Luisenstraße herrscht freie Platzwahl. Die Tischreihen, die quer zur Bühne aufgestellt sind, ermöglichen mit ein wenig Stühlerücken von überall eine gute Sicht auf das Geschehen.
Das, was den Besuch der Altstadtbühne zu etwas Besonderem macht, sind nicht nur die sorgfältig ausgesuchten Stücke, sondern auch das ganze Drumherum. Schon lange bevor die Aufführung beginnt, ist das Abenteuer Altstadtbühne in vollem Gange. Freunde und Bekannte begrüßen sich, haben Zeit für einen gemütlichen Plausch. Das fleißige Serviceteam – wie die Schauspieler durchweg ehrenamtliche Helfer – versorgt die Theaterbesucher mit Getränken und kleinen Leckereien. Mettwürste und Frikadellen für den kleinen Hunger gehören fest zum Angebot und schmecken zum Glas Wein oder Bier besonders gut – alkoholfreie Getränke gibt es selbstverständlich auch.
Einige Minuten, bevor sich der Vorhang hebt, kündigt das Team die letzte Runde an und schafft noch einmal volle Tabletts an die Tische. Bis zur Pause darf dann weiter getrunken werden – Nachschub gibt es aber nicht. Die Sonntagsvorstellungen beginnen bereits um 17 Uhr, samstags hebt sich der Vorhang um 20 Uhr.
Wer das Ambiente der Altstadtbühne genießt, erlebt einen gemütlichen, kurzweiligen Theaterabend mit Klönereien, der sich gerne mal bis zu vier Stunden hinzieht – und dennoch wie im Flug vergeht. Das liegt am hochmotivierten Team, das auf und hinter der Bühne agiert, aber eben auch am besonderen Service-Charakter des Theaters.

Bettina Görlitzer

Familienfest im großen Stil

54. Folge: Knax-Party im Nattenberg-Stadion mitfeiern / Bis zu 4500 Besucher

Der Rucksack ist gepackt: Picknickdecke, Sonnencreme, Handtücher und vor allem Wechselwäsche. Viel Wechselwäsche. Denn es dürfte ein feuchtfröhlicher Nachmittag werden im Stadion. Sparkasse und Stadtjugendförderung haben zur Knax-Party eingeladen – und etliche Lüdenscheider Familien pilgern zum Nattenberg, in freudiger Erwartung von Spielen, Spaß und nassen Füßen.

Die Knax-Party gilt für Kinder und Erwachsene Jahr für Jahr als Familienfest im ganz großen Stil.

Die Zutaten für den bunten Spaß- und Spiele-Eintopf sind stets die gleichen: Mehrere überdimensionale Hüpfburgen, ein großer Parcours mit Geschicklichkeitsspielen, ein abwechslungsreiches Bühnenprogramm, zudem zahlreiche Verpflegungs-Stände und ein separater Spiele-Bereich für die Jüngsten gehören zum Grundrezept.

Info:

Die erste Knax-Party ging im Jahr 1995 über die Bühne – anlässlich des Jubiläums „150 Jahre Sparkasse Lüdenscheid". Das Stadtjugendamt war von Beginn an als Organisator mit im Boot, das Konzept entwickelte seinerzeit Stadtjugendpfleger Franz-Josef Lexen. Austragungsort ist seit jeher das Nattenberg-Stadion mit ausreichend Platz für die vielen Angebote und Besucher.

Garniert wird das Spektakel seit einigen Jahren durch Wasserrutschen, vor denen – Sonnenschein vorausgesetzt – die Warteschlangen meist am längsten sind. Aber der Knax-Party-Besucher ist geduldig, weiß sich mit Eis oder Waffeln die Zeit zu verkürzen oder schwatzt während des Anstehens mit Nachbarn, Klassenkameraden und Spielgefährten, die an diesem Tag natürlich auch da sind.

Auf dem Rasen reiht sich eine Decke an die andere, werden mitgebrachte Erfrischungen oder Leckeres von der Schlemmer-Meile herumgereicht und die neuesten Neuigkeiten ausgetauscht, während die Kleinsten gestillt und die Größeren abgetrocknet und umgezogen werden, um gleich darauf zur nächsten Spielstation zu entschwinden. Information gehört am Knax-Party-Tag natürlich auch dazu. So erfahren die Kleinen hier ganz spielerisch etwas über die Zahnpflege oder können dort Düfte aus der Natur erschnüffeln.

Rund 120 Helfer sorgen vor Ort für einen reibungslosen Ablauf der Party, reichen Hände beim Balancieren, sorgen für ausreichend Luftzufuhr in den Hüpfburgen, stellen Laufzettel und Urkunden aus oder „spülen" die Wasserrutschen. Kai Pritschow (Sparkasse) und Jessica Schmidt (Jugendamt) haben als Hauptverantwortliche ein Auge darauf, dass alles klappt. Auf und hinter der Bühne ist Marco Köhler (Schubidu) der Chef. Je nach Motto der Knax-Party läuft dort den ganzen Nachmittag über ein Programm zum Mitlachen, -machen und -singen.

Apropos: Erst seit 2009 wird die Knax-Party unter ein Motto gestellt. So gab es am Nattenberg schon Ritter, wilde Tiere oder Piraten zu erleben.

Corinna Bunte

Sparkasse Lüdenscheid
KNAX PARTY
Komm, mach mit

Kekskrümel sind erlaubt

55. Folge: Eine Veranstaltung auf der Waldbühne im Stadtpark besuchen

Eigentlich darf man das gar nicht laut sagen, aber der Besuch fängt als Ärgernis an, wenn man sich nicht wenigstens eine halbe Stunde vor Beginn der Vorstellung auf den Weg zum Stadtpark macht. Wenn man vielleicht sogar knapp dran ist. Bei der Park-Straße von „Nomen est omen“ zu sprechen, ist nämlich grundsätzlich verkehrt und außerhalb der Anlage des Hotel Mercure einen Stellplatz zu finden, ziemlich unmöglich. Der gute Rat also vorweg: Sind Veranstaltungen auf der Waldbühne, geht man besser zu Fuß dort hin. Und damit verbunden gleich der zweite Rat: Statt der auf Hochglanz geputzten Theater-Trittchen ist festes Schuhwerk angesagt, will man sich nicht der Gefahr aussetzen, auf der abschüssigen Wiese selbst zum Fenstertheater zu werden.
Stadtbaurat Wilhelm Finkbeiner kam im Frühjahr 1934 auf die Idee, eine (damals noch) Parkbühne zu errichten. Der zweijährigen Bauzeit folgte am 12. Juli 1936 mit William Shakespeares Komödie „Der Widerspenstigen Zähmung“ die Einweihung. Und schon damals wurde Regenscheid seinem Namen gerecht: Aufgrund schlechter Witterung konnten viele der dort geplanten Inszenierungen nicht stattfinden. 1938 wurde dort letztmalig gespielt und erst Anfang 2004 dem Kleinod im Stadtpark durch vieler Hände Arbeit wieder Leben eingehaucht.
Ein idyllischer Weg führt vom Mercure-Hotel aus zur Waldbühne, auf dem es im Frühsommer nach Gras riecht. Die Bühne selbst liegt am Fuß einer Wiese, für eben diese man besser auf hochhackige Schuhe verzichtet. Treue Theaterbesucher treffen spätestens am Ende dieser Wiese auf die ersten bekannten Gesichter. Das Kulturhauspersonal hat den Arbeitsplatz ins Grüne verlegt, das Kassenhäuschen ist ein blau-weiß gestreifter Pavillon, und nummerierte Sitzplätze gibt es nicht. Wer zuerst kommt, sitzt vorn. Was aber auch egal ist, man hat von überall her freie Sicht, nur die Akustik ist nicht immer die gleiche.
Wer sich auf dem asphaltierten Weg noch gewundert hat, warum die Theaterbesucher Körbe und Taschen am Arm tragen, weiß es spätestens jetzt: Zweieinhalb Stunden Freilufttheater lädieren durchaus Kreuz und Sitzmuskeln. Wohl dem, der an ein Sitzkissen gedacht hat. Alte Waldbühnen-Hasen sind allerdings nicht nur damit, sondern auch mit Wolldecke, Joghurtbecher, Bierflaschen, Bütterchen, Kartoffelchips und Sektflöten ausstaffiert. Denn Essen, Trinken und Kekskrümel sind durchaus gestattet, während man von dem Theaterensemble oder Musikern unterhalten wird.
Irgendwann verschwimmt das Licht der untergehenden Sonne mit dem der Scheinwerfer, irgendwann kriecht die Kälte trotz allem in die Beine, irgendwann hilft auch das beste Sitzkissen nicht mehr. Es wird kalt im Wald. Doch dieser Zeitpunkt deckt sich in aller Regel mit dem Ende der Vorstellung. An dieser Stelle noch der dritte gute Rat: Nachts ist es im Wald nicht nur kalt, sondern auch dunkel. Eine Taschenlampe wirkt da wahre Wunder: Man findet nicht nur den Weg zurück, sondern auch das eigene Auto wieder.

Jutta Rudewig

Ein hart erkämpfter Titel

56. Folge: Einen Schnadegang des SGV mitmachen, Poahläsen inklusive

„Poahlbürger“: Das ist nicht nur eine Floskel, das ist ein Titel, der hart erkämpft werden muss. Denn man muss wirklich auf wenigstens einem Poahl – einem Grenzstein – gesessen haben. Davor müssen beim Schnadegang etliche Kilometer auf Schusters Rappen absolviert werden – über Stock und Stein, bei Sonne oder Regen und vor allem durch die bergige Landschaft des Sauerlandes.
In diesem Fall ist es eine der schwersten und längsten der Etappen, in die der SGV den Rundgang entlang der Stadtgrenzen unterteilt hat. 16 Kilometer von Ostendorf bis Dünnebrett liegen vor den Wanderern. Vom Sauerfeld fahren sie mit dem Bus nach Brügge. Im Nieselregen geht es von der Straße Am Kamp zügig bergan Richtung Ostendorf.

Info:

Der Schnadegang ist ein alter Brauch. In früheren Zeiten gingen Bürger einmal im Jahr die Gemeindegrenzen ab, um zu kontrollieren, ob die Grenzsteine noch an ihrem alten Platz waren. Damit sie sich die Stellen einprägten, wurden Neulinge mit dem Hinterteil (Äse) mindestens dreimal auf den Stein gesetzt Auf Platt heißt der Grenzpfahl „Poahl“ – daher „Poahläsen“. 1969 hat die Lüdenscheider Abteilung des Sauerländischen Gebirgsvereins (SGV) den alten Brauch als Teilbegehung der neuen Stadtgrenzen als offenen Wandertag wiederbelebt. In vier Etappen – jedes Jahr eine – werden 54 Kilometer erwandert.

Für geübte Wanderer kein großes Problem. Wer das erste Mal dabei ist, bekommt bald Zweifel, ob die Idee so gut war – schließlich ist das erst der Anfang.
Die Erleichterung ist groß, als die Höhen zwischen Brügge und Halver erreicht sind. Der Weg über leichte Wellen durch Halverscheid und ins Tal zum Schalksmühler Ortsteil Strücken bietet Entspannung. Vor dem nächsten langen und heftigen Anstieg ist dies der richtige Zeitpunkt für eine Pause. Hinsetzen kann man sich nicht – alles ist viel zu nass. Vielleicht ist das auch besser so, wer weiß, wie schwer das Wiederaufstehen fallen würde. Getränke, Butterbrote, Obst, Gemüse – was immer die Rucksäcke hergeben, wird verzehrt.
Es kommt unweigerlich der Zeitpunkt, an dem Wanderführer Peter Arens zum Aufbruch mahnt. Nun wird es richtig heftig – durch den Wald parallel zur Klagebach hinauf auf die Heedfelder Höhen, stetig steil bergauf. Dazu beginnt es erneut zu regnen. Immerhin geben die trainierten Teilnehmer zu, dass das auch für sie keine leichte Strecke ist. Irgendwann ist es geschafft und sogar die Sonne lässt sich blicken – eine kleine Belohnung.
Das Schlimmste liegt nun hinter den Wanderern. Im Bereich Horst ist bald der Grenzstein zwischen Lüdenscheid und Schalksmühle erreicht. Jeweils zwei Wanderer heben die „Neuen“ dreimal auf den Grenzstein.
Während Urkunden und Abzeichen für die neuen Poahlbürger vorbereitet werden, ist Zeit für alle, noch einmal zu entspannen, bevor die letzte Etappe beginnt. Die ist nicht mehr schwer, kommt aber ungemein lang vor: Durch Heedfeld Richtung Drescheid, bevor der Abstieg zum Dünnebrett beginnt. Endlich die lahmen Beine hochlegen, ist das einzige Ziel, das dieser Tag noch bietet.

Bettina Görlitzer

Grenzweg
rund um
SGV

Erst die Arbeit, dann der Grill

57. Folge: Die Natur in einem der vielen Lüdenscheider Kleingärten genießen

Kleingärten sind eine Oase der Stille und ein Ort zum Ausspannen vom Alltag. Sie können auch ein Fleckchen sein, an dem man Natur mit Technik verbindet – so wie Michael Uckert das macht. „Dann sind sie ein teures Hobby", verrät der Vorsitzende der Wehberger Kleingärtner. „Mein Schrebergarten ist ein Sparschwein", lacht er. „Da kommt keine Langeweile auf". Er hat bereits ein eigenes Bewässerungssystem gebaut und die Hütte auf Vordermann gebracht. Von der Hollywoodschaukel aus blickt er auf einen hübsch angelegten Teich, der allerdings auch Pflege erfordert. Auch sein Bienenhotel, in dem Wildbienen in Schilfröhrchen ihre Brut ablegen können, kostet Zeit und Geld. Doch wer Kleingärtner mit Herz und Seele ist, investiert beides gerne.

Damit der Garten gepflegt aussieht, müssen rund 300 Stunden im Jahr investiert werden. Um das Allgemeingrün sauber zu halten, werden zudem vom Vorstand jährlich eine gewisse Anzahl Gemeinschaftsarbeitsstunden festgelegt. Die Arbeiten beginnen im Frühjahr mit dem Obstbaumschnitt und dem Vorziehen von Jungpflanzen im Gewächshaus. Nach den Eisheiligen werden die Pflanzen in den Boden gesetzt, frostempfindliche Blumen können dann auch gepflanzt werden. Den Sommer über müssen die Pflanzen regelmäßig gegossen und das Unkraut gejätet werden. Dann kann das Obst und Gemüse geerntet werden.

Im Spätherbst wird der Garten winterfest gemacht.

Die Gestaltung seines Kleingartens ist jedem selbst überlassen, allerdings gilt die Grundregel: Ein Drittel der Fläche soll dem Ackerbau mit Obst und Gemüse dienen, ein Drittel sollte mit Blumen bepflanzt sein und ein Drittel der Fläche sollte für die Freizeitgestaltung, sprich Terrasse oder Rasen, verwendet werden. Die Laube, die eigentlich als Unterstand und Geräteschuppen gedacht war, wird heute meist als gemütliche Hütte genutzt.

Nach getaner Arbeit ist es schön, im eigenen Garten zu sitzen und mit den Nachbarn oder Freunden ein nettes Pläuschchen zu halten oder ein dickes Steak auf dem Grill zu brutzeln.

Die Geselligkeit wird bei den Kleingärtnern überhaupt großgeschrieben. Es gibt Feiern wie Erntedank- und Sommerfeste, Picknicks oder den Tanz in den Mai. Besuchen Sie doch einfach mal eines dieser Feste.

Kleingärtner sind gastfreundliche Menschen. Und wer weiß: Vielleicht kommen Sie ja selbst schon bald auf den Geschmack und legen sich eine eigene Parzelle zu.

Christina Grégoire

Info:

Die Anschaffungskosten für einen Kleingarten reichen bis zu 5 000 Euro.
An Pacht sind lüdenscheidweit 11 Cent pro Quadratmeter zu zahlen.
Für Unterhaltungskosten im Kleingartenverein sind 100 bis 250 Euro jährlich zu kalkulieren. Wer wissen will, wo es freie Parzellen gibt, wendet sich am besten an den Bezirksverband der Kleingärtner, Im Volksfeld 1, Tel. 0 23 51 / 67 13 42. Sprechstunden jeden ersten und dritten Dienstag von 15 bis 18 Uhr., Bürozeiten jeden zweiten und vierten Dienstag von 15 bis 18 Uhr. Vorsitzender des Bezirksverbandes ist Heinrich Pickl.

„Einfach, deftig und ehrlich"

58. Folge: Eine Lüdenscheider Spezialität essen / Potthucke bei Bräcker

111 DINGE DIE MAN IN Lüdenscheid GETAN HABEN MUSS

Es riecht gut, es sieht lecker aus, schmeckt noch viel besser und doch prallen bei einer der Lüdenscheider Spezialitäten die Geschmäcker aufeinander. Die einen schwören regelrecht auf die ‚Potthucke', andere verziehen schon bei der Erwähnung dieses Wortes das Gesicht.
Die Erklärung des Namens ‚Potthucke' ist sehr einfach. Der Kartoffelteig, aus dem dieses Gericht besteht, musste früher viele Stunden auf dem Holz- oder Kohleofen in einem Topf garen – also ‚im Pott hucken'.
Noch im 15. und 16. Jahrhundert erzählten Reisende, dass die Menschen in der Mittelgebirgsregion so arm wären, dass sie ihre eigene Erde essen müssten. Mit Erde meinten die jedoch den berühmten Pumpernickel, das Schwarzbrot, das auch heute noch immer zum ‚Sauerländer Nationalgericht' gegessen wird.

Info:

Zutaten: – zweieinhalb Kilogramm rohe geriebene Kartoffeln, zwei feingehackte Zwiebeln, drei Eier, 300 bis 400 Gramm Speckstreifen, vier bis acht Mettwürste, Pfeffer, Salz

Bis zur Industrialisierung war die ‚Potthucke' ein dicker salziger Kuchen aus Kartoffelteig. Und weil das wenige Vieh der armen Mittelgebirgsregion zu schade zum Schlachten war, bereitete man damals die Potthucke als fleischlose Mahlzeit zu. Damit die Kartoffelteigmasse ein wenig geschmeidiger wurde, kam lediglich Rindertalg dazu.
Die Potthucke von heute ist damit überhaupt nicht mehr zu vergleichen. Sie ist ein mit Mettwurststücken gefüllter Kartoffelauflauf und wird gern mit dem schon erwähnten Schwarzbrot gegessen. Dazu wird Apfelmus und Sirup gereicht. Die Sachen kann man dazu essen oder darüber schütten. Jeder, wie er es eben mag.
„Die ganz Harten tun noch Zucker über das Ganze", erklärt uns der Küchenchef des Gasthofes Bräcker, der seit dem Oktober letzten Jahres dort der Maestro der Potthucke ist. „Den Gästen schmeckt dieses deftige Gericht sehr gut", sagt Detlef Wolfram. Potthucke sei eher ein Spezialität für den Herbst. Er bereite dieses Gericht für seine Gäste jedoch jederzeit gern zu.
Wolfram bereitet die Potthucke so zu: Die geriebenen rohen Kartoffeln werden mit feingehackten Zwiebeln, Eiern sowie Pfeffer und Salz vermengt. Der gusseiserne Pott (andere Formen tun es auch) wird mit Speckstreifen oder Speckwürfeln ausgelegt. Darauf kommt fein säuberlich der Teig, schön glattgestrichen natürlich. Und darauf wiederum werden die Mettwurststücken gelegt. Dann fix noch den restlichen Teig drauf und ab in die Röhre. Zwei bis drei Stunden muss das Ganze bei ungefähr 200 Grad Celsius im Backofen ‚hucken'.
Wer es besonders gut will, lässt die Potthucke auskühlen, schneidet das Ganze dann in dicke Scheiben und brät diese nochmals in der Pfanne an. Nett auf dem Teller angerichtet, ein gutes Pils dazu und fertig ist die Lüdenscheider Spezialität. Und die ist wie die Menschen im Sauerland: „Einfach, deftig, nüchtern und ehrlich."

Monika-Marie Finke

Lüdenscheids „Schlossallee“

59. Folge: Spaziergang über die gesamte Parkstraße von Lüdenscheid nach Brügge

Knapp 4,5 Kilometer ist sie lang – exakt 4396 Meter, wie im Katasteramt zu erfahren ist. Sie zieht sich von der Knapper Straße bis zur Volmestraße in Brügge und gilt zum Teil als die Prachtstraße Lüdenscheids, sozusagen als Schlossallee. Aber das ist nur eine von vielen Facetten und nicht nur deshalb lohnt der Spaziergang von Anfang bis Ende der Parkstraße. Schon gleich zu Beginn fallen die zum Teil denkmalgeschützten Altbauten aus dem Ende des 19./Anfang des 20. Jahrhunderts mit ihren wunderschönen, stuckbesetzten Fassaden und originellen Fensterformen auf.
Von der Geschichte des Parkthaters, einst von den Belgiern gegründet, sowie der Schwimmbadzeit ist heute nichts mehr geblieben. Schautafeln und ein schmuckloser Eingang mit Filmplakaten und Aufklebern prägen das Bild. Nur einige Meter weiter liegt rechter Hand das Forstamt, zunächst Sitz des Eichamtes, später der Kriminalpolizei, das gerade erst in die Denkmalliste eingetragen worden ist.
Ja, und dann liegt sie vor einem – die herrliche Allee. Das Blätterdach der knapp 300 Linden links und rechts entlang der Parkstraße bildet einen grünen, lichtdurchlässigen Tunnel. Zwar müssen alters- und schadensbedingt nach und nach alte durch junge Linden ersetzt werden, aber die Stadt achtet sehr darauf, dass der Alleecharakter dabei erhalten bleibt. Auch hier säumen imposante Häuser den Weg, aber auch Neubauten. Ein „Abstecher“ zum Ehrenmal ist Pflicht. Einen Blick auf die Stadt verwehren hoch gewachsene Bäume. Gegenüber ist der Schriftzug „Mercure“ noch gut zu erkennen, einst stand hier das Parkhaus, in dem Tanzveranstaltungen und große Familienfeiern über die Bühne gingen. Den Stadtpark, um den sich die Agenda-Gruppe so liebevoll kümmert, lassen wir an dieser Stelle einmal rechts liegen. Kurz vor dem Awo-Seniorenheim an der Parkstraße laden Waldschlösschen und Restaurant Stadtpark zur Einkehr ein. Die Parkstraße führt nun entlang des Schulkomplexes an der Grundschule Schöneck und der Ganztagshauptschule Stadtpark vorbei. Nach einer scharfen Rechtskurve, an der zurückgesetzt das Haus Schöneck, ein ehemaliger Gutshof liegt, verläuft die Parkstraße steil und fast schnurstracks auf die Volmestraße zu. Im oberen Bereich geht’s links ab Richtung Falkenhöhe. Nach einigen hundert Metern liegt rechter Hand der kleine Friedhof, der seit 2011 ausschließlich ehrenamtlich gepflegt wird. Siedlungshäuser reihen sich aneinander, die jenseits der Straße schöne Aussichten ins Grüne, sprich: zur Lösenbach bieten. Vorbei am Brügger Kinder- und Jugendtreff sowie der Grundschule Brügge setzt die katholische Kirche St. Paulus einen markanten Blickpunkt. Zum Ende unseres Spaziergangs fallen zwei imposante, fabrikähnliche Komplexe auf der rechten Seite auf, einst Eisenbahnerwohnhäuser. Und dann, als wär’s bestellt, fährt zum Abschluss die Volmetalbahn direkt hinter den Häusern über das Viadukt zum Brügger Bahnhof. Das ist zwar der schnellere Weg von Lüdenscheid nach Brügge, aber lohnender ist der Spaziergang allemal.

Martin Messy

mercure HOTEL

An der Wiege der LN

60. Folge: Die Druckerei des Märkischen Zeitungsverlags besichtigen

Warum muss ein Lüdenscheider nach Meinerzhagen fahren?
Oder anders: Warum muss man nach Meinerzhagen fahren, wenn man 111 Dinge in Lüdenscheid gemacht haben soll?
Die Antwort: Weil in Meinerzhagen die Lüdenscheider Nachrichten das Licht der Welt erblicken.
Wenn die Redakteure in der LN-Redaktion ihre Arbeit getan und alle Lichter gelöscht haben, fängt die Arbeit im Druckzentrum des Märkischen Zeitungsverlages erst an. Gegen 23 Uhr heißt es für Chef-Drucker Volker Kronberg und seine Mitarbeiter: Druckbeginn.
Hier wird immer unter „Hochdruck" gearbeitet, denn das Zeitfenster ist jede Nacht aufs Neue eng wie ein Nadelöhr. Im Gegensatz zum Kamel schaffen die Drucker das Kunststück jedoch jeden Tag – denn in aller Regel landen die Lüdenscheider Nachrichten pünktlich im Briefkasten der Abonnenten.

> ***Info:***
>
> *Im MZV-Druckzentrum werden neben den Lüdenscheider Nachrichten auch das Altenaer Kreisblatt, der Süderländer Volksfreund, die Meinerzhagener Zeitung, der Allgemeine Anzeiger, das Süderländer Tageblatt und Der Bote gedruckt. Wer Interesse an einer Gruppenführung durch das Druckzentrum in Meinerzhagen (Am Stadion 2) hat, sollte sich zwecks Terminabsprache im Sekretariat der Lüdenscheider Nachrichten (Tel. 0 23 51 / 15 82 09) melden. Alle weiteren Informationen können hier erfragt werden.*

Gearbeitet wird hier mit Superlativen: Zwei Minuten reichen aus – dann kommt die Offset-Druckplatte aus der Fertigungsstraße. Volker Kronberg und seine Kollegen bringen es auf gut 90 Platten in der Stunde – natürlich nicht nur für die LN, sondern auch für die anderen Zeitungen des Märkischen Zeitungsverlages.
Um die Zeitung so zu drucken, wie sie morgens beim Frühstück gelesen wird, braucht es die Farben Cyan, Gelb, Magenta und Schwarz. Jede Farbe bekommt eine Offset-Druckplatte – und fertig ist der Vierfarbdruck.
Volker Kronberg erzählt, dass 35 000 Zeitungen mit einem Umfang von bis zu 32 Seiten vierfarbig gedruckt werden – in einer Stunde, wie er stolz hinzufügt.
Der Besucher kann sich nur noch klein fühlen bei den Kolossen an Maschinen, die hier lautstark ihren Dienst am Papier versehen.
Apropos Papier: Heute werden die 1,4 Tonnen schweren Rollen mit 17 000 Metern Papier mit Gabelstaplern und den sogenannten Papiergabeln durch die Hallen befördert. Als es dieses ganz spezielle Besteck für Papier noch nicht gab, war die Beförderung ein gefährlicher Akt, plaudert Kronberg aus dem Nähkästchen: „In der alten Rotation in Lüdenscheid hat sich so ein Papiergigant mal selbstständig gemacht, krachte vom Gabelstapler und rollte die Straße runter, direkt in ein Schaufenster.
Da konnten wir dann alle mal mit eigenen Augen sehen, wie viel Durchschlagskraft Papier haben kann. Zum Glück wurde niemand verletzt."

Thomas Krumm

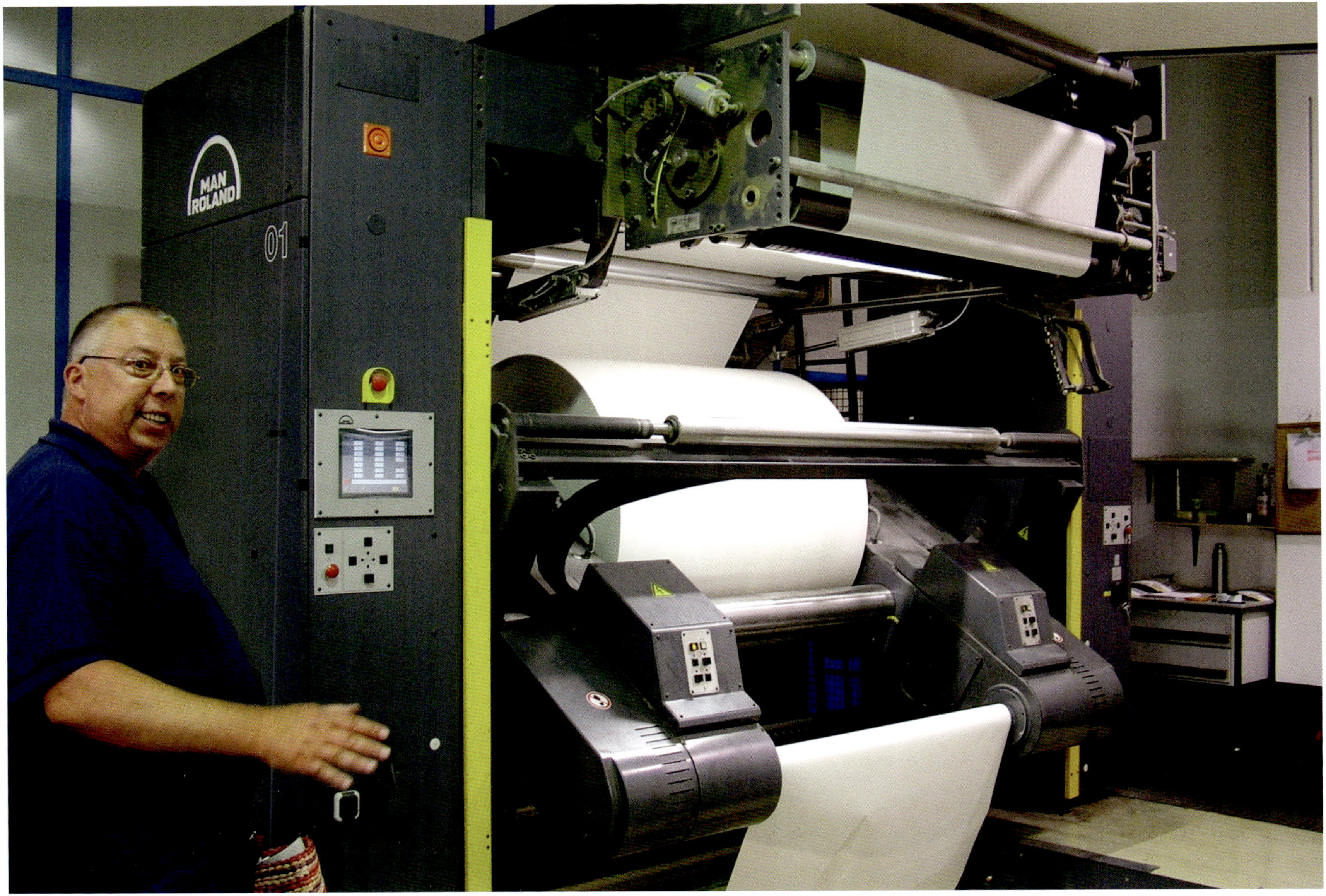
MAN
ROLAND
01

Die Feinheiten der Ferne

61. Folge: Den Turm der Schützenhalle besteigen

111 DINGE DIE MAN IN Lüdenscheid GETAN HABEN MUSS

In einer Bergstadt gibt es viele hohe Punkte, wo einem der Wind um die Nase weht. Den schönsten Rahmen für einen Ausblick bekommt der Schwindelfreie vom Turm der Schützenhalle. Etwas Anstrengung erfordert es schon, die Welt einmal mit anderen Augen zu sehen.
114 Stufen schrauben den Neugierigen abschnittsweise rund 30 Meter in die Höhe, bevor er die letzte Gelegenheit nutzt, sich den Kopf zu stoßen. Die äußere Pracht, die Liebe zum Detail, findet im Inneren des Turms keine Entsprechung. Hier braucht man vor allem einen Begleiter mit passenden Schlüsseln für vier Türen, eine Taschenlampe und strapazierfähige Kleidung für den Weg über Wendel- und andere Treppen, durch Gänge und Lagerräume, vorbei an unverputztem Mauerwerk und Holzträgern der Dachkonstruktion.

Info:

Der Turm der Schützenhalle auf dem Loh, Reckenstraße 6, lässt sich nur auf Anfrage und begleitet besteigen. Kontakt über die Homepage: www.lsg1506.de. Eine Terminabsprache ist auch per E-Mail möglich unter info@lsg1506.de oder – mit dem Vorstand beim nächsten Schützenfest (1. bis 8. Juli).

Dann klettert man durch die Luke auf die Aussichtsplattform des Schützenhallen-Turmes. 18 Meter eines mit 192 Rosetten reich verzierten, vor ein paar Jahren grundrestaurierten Geländers umlaufen die Plattform unter der markanten Kupferhaube hüfthoch. Der Rest ist Weite.
An klaren Tagen geht der Blick weit ins Sauerland, lässt die Heimat neu entdecken. Die Perspektive ist's, die Nachbarn werden lässt, wen lange Wege trennen.
Komfort fehlt, die Plattform ist nicht für einen Besucheransturm gebaut. Auch empfiehlt es sich, ein Fernglas mitzubringen, um die Feinheiten der Ferne zu entdecken: Die Tinsberger Grundschule liegt gegenüber der Sportklinik Hellersen, rechts qualmt's im Kraftwerk Werdohl-Elverlingsen, links kuschelt sich die Erlöserkirche ins innerstädtische Grün.
Eigentlich sollte er ein Zwilling werden, der Turm, und so der 1899/1900 errichteten Schützenhalle die gewünschte Symmetrie geben. Heute ist die Lüdenscheider Schützengesellschaft froh, dass es nur einen zu erhalten gilt. Er adelt eine Halle, die als imposantes „Bürgerhaus“ vielen Zwecken dient.
Auch als Unikat füllt der Turm seine Rolle als Wahrzeichen aus. Als solches bereitet er samt Halle der LSG wegen der Verpflichtung zum denkmalgerechten Erhalt mitunter Kopfschmerzen.
Kleiner Tipp: Dort oben, mit gehörigem Abstand zu den Dingen, verfliegen die ganz schnell.

Susanne Kornau

Zwischen Liedgut und Leckerei

62. Folge: Einmal im Jahr ist Homert-Bergsingen. Erst wandern, dann lauschen

Nebel liegt zwischen den bemoosten Baumstämmen, durch die leise Gesprächsfetzen dringen. Und während sich zaghafte Sonnenstrahlen den Weg durch die Baumkronen zu bahnen suchen, treten die ersten Wanderer auf die Lichtung. Ein fröhliches Lied auf den Lippen, gehen sie dem Geruch frischer Erbsensuppe nach, grüßen hier ein bekanntes Gesicht, halten dort nach Freunden Ausschau. Man trifft sich gern, einmal im Jahr am Fuß des Aussichtsturmes. Es ist wieder „Homert-Bergsingen" – und das Programm verspricht viel. Ein ökumenischer Gottesdienst geht dem Geschehen voraus, das sich – na klar – in erster Linie ums Singen rankt. Verschiedene Chöre aus dem Sängerkreis Lüdenscheid sind es stets, die für den buchstäblich guten Ton unter freiem Himmel sorgen. Und Letzterer reißt von Stück zu Stück immer weiter auf, bis schließlich die Sonne den Platz erwärmt, auf dem die aufgestellten Bierzeltgarnituren längst von hunderten Besuchern besetzt sind.

Teils getragen, meist volkstümlich, dann und wann auch mit einem Jodler versehen ist das Gesungene, dem Zuhörer lauschen, die sich – wie die Sänger selbst – einmal nicht „ausgehfein" gemacht, sondern derbes Schuhwerk und Rucksack geschnürt haben. Beim „Homert-Bergsingen" geht es schließlich nicht nur um die Musik, sondern auch ums Wandern. Verschiedene Touren bietet der Mitveranstalter Sauerländischer Gebirgs-Verein (SGV) für all diejenigen an, die nicht den ganzen Tag im Schatten des Turmes verbringen möchten – obwohl schon allein die Bewirtung dort Abwechslung verspricht. Kartoffelsalat, Sülze und Erbsensuppe gibt es, aber auch Süßes vom großen Büfett mit allerlei Selbstgebackenem aus den privaten Öfen.

Inzwischen ist es Nachmittag geworden auf der Homert, und die Gastchöre des Mitorganisators, MGV Union Oberrahmede, rücken eng zusammen, um gemeinsam einige Lieder zum Abschluss anzustimmen. Doch wirklich Schluss ist damit längst nicht, finden sich doch immer wieder Solisten, die mit den Gästen gemeinsam singen, lachen, sie und sich unterhalten – bis der letzte „Homert-Shuttle" vom Deutschen Roten Kreuz talwärts rollt und auf der Lichtung wieder Ruhe einkehrt.

Corinna Bunte

Info:

Einmal im Jahr laden der Sauerländische Gebirgsverein (SGV) sowie der MGV Union Oberrahmede zum Homert-Bergsingen ein. Der Aussichtsturm wurde 1894 unter der Regie des SGV errichtet und dient ausschließlich dem Zweck des „Seh-Vergnügens". Das stellt sich auf 539 Metern Höhe fast automatisch ein. Geöffnet ist der Homertturm allerdings nur am Wochenende. Der Eintritt kostet 50 Cent für Erwachsene und 20 Cent für Kinder. Erreichbar ist die Homert von Lüdenscheid-Sauerfeld aus mit dem „Wanderbus" Linie 252 der MVG in der Regel von Mai bis November. Abfahrtszeiten sind abrufbar unter www.mvg-online.de.

Live-Musik und Party-Stimmung

63. Folge: Ein Konzert im Saal der Gaststätte Dahlmann besuchen

Eintrittskarten für ein Konzert im Dahlmann-Saal besorgt man sich besser im Vorfeld. Der Gang zur Abendkasse wird bei manchen Acts zum Glücksspiel. Denn bei 220 Personen – ohne Bestuhlung – ist definitiv Schluss. Und wenn Coverbands wie Abba Review, Supreme und Achtung Baby oder Lokalmatadoren wie Two Much, Catfish Boobie & the Beanery Criminals oder Marty Kessler die Bühne betreten, kocht der Saal in aller Regel.
Auf den letzten Drücker sollte man auch nicht kommen, wenn man sich einen Platz mit guter Sicht auf die Bühne und nicht so großem Gedränge sichern möchte. An den Seiten oder ganz vorne hat man dabei meistens einigermaßen Glück – höchstens das Personal stört mit den begehrten Getränken.

Info:

Die Gaststätte Dahlmann mit ihrer mehr als 100-jährigen Geschichte ist eine feste Institution in Lüdenscheid. Wirtin „Nanni" Lange hält dort seit mehr als 30 Jahren das Zepter in der Hand. Aber erst in der jüngeren Zeit ist der Saal, der an das Gasthaus an der Grabenstraße angeschlossen ist, eine feste Größe in Sachen Live-Musik in der Bergstadt geworden. Verantwortlich zeichnet dafür als Organisator in erster Linie der Lebenspartner von Nanni Lange, Jürgen Wigginghaus.

Wer als Letzter kommt und sich nicht souverän in die erste Reihe durchschieben möchte, muss sich hinten einreihen. Je nach Körpergröße schränkt das zunächst mal die Sicht auf die Bühne ein – aber das ist nicht unbedingt schlimm. Schließlich geht es im Dahlmann-Saal immer auch um das Konzerterlebnis als Ganzes: Das ist Musik, das ist Party, das ist Stimmung, und das ist das Treffen von Freunden und Bekannten.
In der Nähe des Eingangs bedeutet das aber auch, immer wieder mal von all jenen zur Seite geschoben zu werden, die zur Theke, zur Zigarettenpause in den Schankraum oder zur Toilette wollen. Aber den echten Musik- und Party-Fans macht das nichts aus. Wer tanzen und der Musik lauschen möchte, ist bei Dahlmann genauso richtig, wie diejenigen, die einfach feiern möchten. Den Musikstil der jeweiligen Band sollte man aber schon nach dem eigenen Geschmack aussuchen.
Im Lauf des Jahres gibt es im Saal für so ziemlich jeden das Richtige: von Rock über Pop bis Schlager und das alles aus mehreren Jahrzehnten der Musikgeschichte. Die Bands covern entweder eine bestimmte Band oder einen Musiker – wie U2, Robbie Williams oder Genesis, oder sie haben sich einer bestimmten Richtung verschrieben – meist geht es dabei in die Rock- und Pop-Geschichte.
Aber eins ist immer gleich: Die Getränke schmecken, die Stimmung steigt im Laufe des Abends – ob das an der Musik, am Alkohol oder an beidem liegt, bleibt jedem selbst überlassen. Und wer gegen Mitternacht noch nicht genug hat, der feiert nach dem Konzert vorne in der Gaststätte weiter, bis weit in den Morgen.

Bettina Görlitzer

Rock and Roll Ain't Noise Pollution

Ausflug zu den Extrempunkten

64. Folge: Zum nördlichsten, südlichsten, östlichsten und westlichen Zipfel touren

Das statistische Jahrbuch gibt's her: Die Stadtgrenze ist 59,82 Kilometer lang. Die größte Nord-Süd-Ausdehnung des Stadtgebiets beträgt 12,94 Kilometer, in Ost-West-Richtung misst die Kreisstadt maximal zwölf Kilometer. 86,73 Quadratkilometer bestehen nur zu 7,3 Prozent aus öffentlichen Straßen, Wegen und Plätzen. Den größten Anteil nimmt die sogenannte Holzung ein; 47,7 Prozent. Nackte Zahlen nur. Ein Ausflug zu den entlegendsten Punkten am Stadtrand und aufs Dach und in den Keller Lüdenscheids offenbart Blicke auf wunderschönes sauerländisches Grün.

Wo die Volme gen Hagen gluckert, nahe am westlichsten Zipfel der Kreisstadt, tragen die Ortsflecken Namen wie Nöllenhammer oder Hammerhaus. Häuser, die in der Sohle des Flusstals nicht viel Sonne abbekommen, aber dafür von üppiger Vegetation umstanden sind.

Info:

Lüdenscheid liegt auf 51° 13' nördlicher Breite und 7° 37' östlicher Länge. 13,39 Kilometer lang schlängelt sich die Autobahn 45, die Sauerlandlinie, durchs Stadtgebiet. Eine Tour zu den äußersten Zipfeln der Kreisstadt empfiehlt sich eher abseits der Autobahn. Dafür gibt es 20,18 Kilometer Bundesstraßen, 62, 41 Kilometer Landstraßen und 260, 28 Kilometer stadteigene Gemeindestraßen.

Fabriksken, die ihre Transmissionen früher durch Wasserkraft antreiben oder die Schmiedehammer anheben ließen. Das ist der Tiefpunkt Lüdenscheids, aber immer noch 232,86 Meter über Normalnull. Der Ortsteil Strücken an der nächsten Volmeschleife liegt noch ein paar Zentimeter drunter, ist aber schon „Ausland".

Also kehrtmarsch! Auf zum höchsten Punkt der Stadt, Wandertreff, Frischluftoase, Wahrzeichen: auf zur Homert mit ihren Ruhebänken, dem Wegenetz, der Jausenhütte! Im gemäßigten Süden, noch ein paar Kilometer entfernt vom südlichsten Zipfel, der Bauminsel an der Einmündung nahe der Ortschaft Werkshagen, oberhalb der Fürwigge-Talsperre. Wer den Weg vom Keller zum Dach der Stadt zurücklegt, spürt den Unterschied auf der Haut. 538,9 Meter hoch liegt die Homert, das macht schon ein paar Grad Celsius aus.

Wir können uns also in den wilden Osten der Stadt begeben. Hier macht die Stadtgrenze einen Knick hinter der Lüdenscheider Ortschaft Fischersverse und vor Borbecke, was schon zu Werdohl gehört. Der Fluss Verse gibt den Straßenverlauf vor. Bei einem alten Wehr kreuzt die Stadtgrenze den Wasserlauf. Ab Fischerverser Hammer gilt: Auf dieser Straßenseite Lüdenscheid, gegenüber Werdohl.

Und auch der nördlichste Punkt der Stadt: Grün über Grün, Wälder und Felder. Aber nicht mehr so gemütlich. Eine breite Landstraße führt nach Nachrodt-Wiblingwerde, vorbei am dicken Sendemast. Die Reise ist zu Ende. Und hat Spaß gemacht.

Olaf Moos

A1
A2
A3
A6

„Hauch von Dolce Vita“

65. Folge: Eine Mittagspause im Rosengarten verbringen

Die Sonne brennt vom Himmel, in der Innenstadt schlendern die Menschen gemächlich durch die Wilhelmstraße und suchen sich ein Plätzchen, um die Mittagspause im Freien zu genießen. Im Rosengarten verteilen sie sich auf den Bänken rundum, schlecken ein Eis, essen einen kleinen Happen oder schließen einfach die Augen und lassen für eine Stunde die Seele baumeln.

Einen „Hauch von Dolce Vita“ machte schon vor knapp zehn Jahren ein LN-Redakteur aus, als der Rosengarten Ende September 2002 im Rahmen der „LichtRouten“ eröffnet und gleich entsprechend illuminiert wurde. Hatte es im Vorfeld auch nicht an Kritik gemangelt und war doch eine Steinwüste befürchtet worden, die den Platz hässlich und kalt erscheinen lasse, so gehört dies längst der Vergangenheit an. Schnell beruhigten sich die nörgelnden Geister, als sich der Platz nach und nach immer mehr zu einem beliebten Treff- und Verweilpunkt mitten in der Stadt entwickelte.

Die Wassertreppe zur Schillerstraße zieht Kinder magnetisch an, wenn sie denn funktioniert. Auf der lang gezogenen Treppe vor dem Brauhaus, wo prächtige Kastanienbäume Schatten spenden, sitzen Schüler, nachmittags und abends kicken auch schon einmal Kinder vor den Ball oder eine kleine bunt zusammengewürfelte Band macht Straßenmusik.

Doch bleiben wir bei der Mittagspause: Männer in Anzügen sitzen auf Bänken und Treppen, Rentner quatschen über dies und das, Einkaufstaschen zu ihren Füßen. Mehrere griechische Mitbürger diskutieren gerade lautstark miteinander, rauchen dabei die eine oder andere Zigarette und gestikulieren wild. Ob’s um die Wirtschaftskrise im Heimatland geht, ist nicht auszumachen. Es könnte auch um Fußball gehen. Aber dies alles zusammen macht das Flair aus, das den Rosengarten inzwischen so beliebt gemacht hat.

Einige Mittagspäusler dösen vor sich hin, sind fast eingenickt. Andere gucken schon wieder auf die Uhr. Eine Stunde kann ganz schön kurz sein. Die Arbeit ruft, der Bus wartet nicht. Aber der Rosengarten bleibt und damit die Hoffnung auf die nächste schöne Mittagspause bei geradezu mediterranem Flair. Wenn doch nur das Wetter häufiger mitspielen würde....

Martin Messy

Info:

Im August 1999 forderten die Politiker Ideen für eine Neugestaltung der Fläche, die schlicht als „nicht mehr schön“ galt. Bis das Konzept für den neuen Rosengarten allerdings stand, dauerte es noch einmal knapp zwei Jahre, denn immer wieder kam es zu kontroversen Diskussionen über die endgültige Umsetzung. 3200 Quadratmeter misst der Rosengarten von Haus zu Haus. Mehr als 1000 sind gepflastert, auf einer Gesamtlänge von 160 Metern wurden Stufenelemente in unterschiedlicher Größe verbaut. Inzwischen ist der Rosengarten neben dem Graf-Engelbert-Platz, dem Rathaus- und dem Sternplatz einer von den vier großen Innenstadtplätzen, die das Stadtbild prägen.

Auch das ist Lüdenscheid

66. Folge: Einen sommerlichen Abendspaziergang durch die „Kluse“ unternehmen

Sommer ist mehr als nur Sonne und Swimmingpool. Sommerliches Flair entsteht auch durch fremde Sprachen, ungewohnte Musik oder den Duft von Küchenexotik abseits der Bratwurst. Und einfach draußen zu sein. Herzlich willkommen also in der „Kluse“, dem Multikulti-Viertel Lüdenscheids, vielfach gescholten, oft auch zu Recht, aber auch nicht ohne den gewissen Reiz urbaner Vielfalt.
„Die Kluse“ an sich existiert namentlich überhaupt nicht. Es gibt die Kluser Straße, angrenzend die Goethe-, Feld- und Wiesenstraße oder die Gersbeuler Straße. Oder den „Tinsberg“, bestehend aus Ober- und Untertinsberger Straße, dazwischen Zur Normandie – eigentlich alles „Kluse“. Und auf der anderen Seite, nördlich des Kluser Platzes, entlang der Werdohler Straße oder am Reckenstück oder an der Worthstraße, ebenso.
Hier haben sich vornehmlich Griechen und Türken versammelt. Sie haben alte Häuser gekauft und Wohnungen vermietet. Sie haben Lebensmittel- oder Handy-Geschäfte eröffnet, Videotheken, Bistros, Pizzabuden, Fladenbrot-Bäckereien oder Internet-Cafés – geben wieder auf, ziehen um, versuchen neues Krämerglück und halten das Viertel in Bewegung. Die Zahl ursprünglich einheimischer Hausbesitzer und Geschäftsleute ist gleichermaßen zurückgegangen. In Lüdenscheid wie in ähnlichen Vierteln anderer Städte auch.
Alte Männer, die auf wackeligen Stühlchen vor der Tür eines Ladenlokals sitzen und entspannt rauchend die Zeit verstreichen lassen, sehen wir genau hier. Und den schnellen Wechsel der Aromen zwischen „Döner extra scharf“, Pizza oder Nektarinen und Datteln – den erleben wir in dieser Intensität nirgends woanders in Lüdenscheid. Dass sich Saz- und Bouzuki-Klänge oder orientalische Gesänge aus den Bars vermischen mit Motorenlärm und mitunter lauten Gesprächen, geführt von Straßenseite zu Straßenseite, mag für Lüdenscheider Ohren ungewohnt klingen.
Das mag auch der Grund dafür sein, dass „die Kluse“ bei Einheimischen nicht gerade erste Wahl ist, wenn sich die Frage „Wohin gehen wir denn heute mal?“ stellt.
Aber auch das ist Lüdenscheid. Und für Neugierige mehr als einen Blick wert.

Olaf Moos

Info:

Laut statistischem Jahrbuch der Stadt hatte Lüdenscheid 2010 insgesamt 75 463 Einwohner. Davon werden 11 413 Bürger als Ausländer geführt. Rund 40 Prozent der Lüdenscheider sind stadtweit weder evangelischen noch katholischen Glaubens. Im Ortsteil Tinsberg/Kluse liegt der Anteil der Andersgläubigen laut Statistik bei 59,2 Prozent. Die größte Gruppe der Ausländer – neudeutsch „Bürger mit Migrationshintergrund“ – bilden in Lüdenscheid Türken mit 3163 Personen. Es folgt die Gruppe der 2854 Griechen. Drittgrößte in der Kreisstadt vertretene Nation ist Italien mit 904 Personen. Insgesamt leben Menschen aus 107 Nationen in der Stadt.

Pronto
einfach besser

Der Sound Louisianas

67. Folge: Die Riverboatshuffle des Jazzclubs auf der Bigge mitmachen

111 DINGE DIE MAN IN Lüdenscheid GETAN HABEN MUSS

Gute Musik, ungezwungene Geselligkeit mit Freunden, eine laue See-Brise an Deck – so oder so ähnlich lässt sich die Riverboat-Shuffle des Jazzclub Lüdenscheid beschreiben. Obwohl der beliebte Schiffsausflug alljährlich nicht gerade in der Nähe der Bergstadt, sondern auf dem Biggesee stattfindet, ist er dennoch eine typische Lüdenscheider Veranstaltung und seit Jahrzehnten beliebt bei Freunden traditioneller Jazz-Musik.
Bernd Bobbenkamp, Geschäftsführer und Konzertplaner des Jazzclubs, sowie der Vorsitzende Henning Schwarz van Berk stechen Jahr für Jahr auf der MS Westfalen mit mehreren hundert Musikliebhabern vom Hauptanleger in Sondern (Olpe) aus in See. Auf der Brücke hat dabei stets Kapitän Wolfgang Keseberg das Sagen. Er schippert mit den Jazzfreunden seit vielen Jahren im Galerieschiff MS Westfalen über den Biggesee, dem größeren jener beiden Ausflugsschiffe, die seit 1967 von Kesebergs „Lux-Werft und Schifffahrt GmbH“ betrieben werden.

Mit an Bord sind manchmal zwei, mitunter sogar drei Jazz-Bands, die auf den drei Decks des Ausflugsschiffes für Stimmung sorgen. Dabei achten die Veranstalter stets darauf, dass unterschiedliche Musikgeschmäcker bedient werden und bei der Programmgestaltung der Begriff „Jazz“ durchaus breiter ausgelegt wird. So war über die Jahre hinweg nicht nur Dixieland und Blues, sondern auch Rockabilly, Zigeunerjazz, Cajun und Zydeco zu hören. Und bei diesen Tönen aus dem Süden und Südwesten der USA denkt man unwillkürlich an die klassischen Schaufelraddampfer, die sich ihren Weg durch die Flüsse Louisianas bahnen. Und damit sich die Bands auf den drei Decks akustisch nicht ins Gehege kommen, treten die Formationen in meist halbstündigen Sets immer hintereinander und nicht zeitgleich auf.

Bisher konnte der Jazzclub bei seinen Shuffles auf viele bekannte Musiker der Szene wie zum Beispiel Ali Claudi, Yannick Monot und Nouvelle France oder Richie Arndt & The Bluenatics, aber auch diverse lokale Größen wie Figga’s Jazz Docs mit ihrem stimmgewaltigen Frontmann Dr. Jürgen „Figga“ Ulm zurückgreifen. Auf diese Weise erlebt auch der Kenner der deutschen Jazz-Szene auf der MS Westfalen immer wieder Überraschungen oder entdeckt die eine oder andere neue Lieblings-Band.

Björn Othlinghaus

Einfach geradeaus ist schwer

68. Folge: Ein Besuch auf der Minigolfbahn beim Sportkrankenhaus Hellersen

111 DINGE DIE MAN IN Lüdenscheid GETAN HABEN MUSS

Geradeaus laufen geht, ohne darüber nachzudenken. Auch das Fahrrad in einer Linie immer nach vorn zu lenken, ist eine Sache, die keine Schweißperlen auf die Stirn treibt. Ebensowenig, wie einen Ball geradeaus zu werfen – es muss ja nicht mit voller Kraft sein – oder – kurzes Einspielen vorausgesetzt – ein gerader Stoß einer Billardkugel auf dem grünen Tuch. Eigentlich bereitet es also keine Schwierigkeiten, mit was auch immer strack nach vorn die Richtung einzuhalten.
Mit was auch immer? Stimmt fast – wenn da bloß nicht die Kombination aus Minigolfschläger und -ball wäre.
Vom Abschlag bis zum Loch ist es oft eine gerade Linie. Also müsste doch gar nicht so viel dabei sein, den Ball auf einer der 18 Bahnen der Minigolfanlage in Hellersen abzulegen, ruhig Maß zu nehmen und dann mit einem Schlag zumindest die Nähe des Ziels zu erreichen. Soweit die Theorie. In der Praxis folgt nach dem Ausleihen von Schlägern und Körbchen mit vier Bällen im „Büdchen" neben der Anlage auf dem Gelände des Sportkrankenhauses jedoch ein erster Abschlag, der den Gelegenheits-Minigolfer die Augen zusammenkneifen und den Mund verziehen lässt. Von wegen geradeaus – der Ball schießt etliche Grad neben der gedachten Linie über die weiße Bahn und knallt frontal mit dem Elan eines rasenden Ziegenbocks, der es seinem Konkurrenten mal so richtig zeigen will, gegen das erstbeste Hindernis: Rumms!
Solche Fehlleistungen müssen aber nicht das Vergnügen an einer Runde auf dem Minigolfplatz verleiden. Schließlich strahlen die Bahnen nach der Renovierung im Frühjahr 2012 im neuen Glanz und ermöglichen präzises Spiel – die nötige Ruhe und Konzentration vorausgesetzt.
Wie die Konzentration aussieht, zeigen regelmäßig die Vereinsspieler des MC 62 Lüdenscheid, die auf ihrer Heimbahn trainieren: Ganz in die Aufgabe versunken, verharren sie bewegungslos, den Schläger knapp hinter dem Ball. Dann kommt eine sanfte Bewegung, der Ball rollt los – und findet wie an der Schnur gezogen den Weg Richtung Ziel. Doch haben die „Profis" auch ganz andere Möglichkeiten mit ihren Taschen, in denen sich schon mal 60 Minigolf-Bälle befinden. Wie bei den Westdeutschen Minigolf-Meisterschaften auf Eternit-Bahnen zu sehen, die der MC 62 in Hellersen ausgerichtet hat.
Nach der Runde bietet sich noch die Gelegenheit, eine Erfrischung am Anlagen-Kiosk zu kaufen und von der ruhig gelegenen Anlage aus einen kleinen Spaziergang zu machen. Und dabei ist es auch egal, ob es nicht immer ganz geradeaus geht.

Axel Krüger

Info:

Die Minigolfanlage auf dem Gelände des Sportkrankenhauses Hellersen wird vom Miniaturgolfclub 62 Lüdenscheid betrieben. Die Öffnungszeiten sind täglich von 10 bis 20 Uhr. Kosten je Runde: 2,50 Euro für Erwachsene, 1,50 Euro für Kinder und Jugendliche.

Schokolade mit Esprit

69. Folge: Caféhausatmosphäre in der Conditorei Weßling genießen

Frühstücken ist Frauensache. Frühstück machen Männersache. Zumindest in der Conditorei Weßling an der Hochstraße. Wer sich dort mit Croissants und Rührei, mit Wiener Café (mit Vanilleeis) und der Zeitung an einen der Marmortische unterm Kronleuchter zurückzieht, der nimmt sich Zeit, der genießt. Zwischen Jugendstil und jungem Stil. „Wir haben die Frühstückskompetenz", sagt Inhaber Norman Weßling selbstbewusst. Er und sein Partner Matthias Klimmek kommen aus dem Ruhrgebiet und haben sich vor vier Jahren für den Standort an der Hochstraße entschieden. Eine richtige Entscheidung. Der Standort hat eine lange Caféhaustradition (seit 1890), aber erst unter heutiger Regie wieder eine Zukunft.

Die Zukunft ist weit weg, die Gegenwart zählt, wenn man hier sitzt. Gedankenverloren Schokolade am Stiel in heißer Milch zur süßen Sünde rühren, den weiteren Tag planen oder eben nicht – im Sommer geht das am besten im Garten. Ein mit Efeu bewachsenes Steinmäuerchen trennt den Genießer vom Rest der Welt, die sich ab und an mal sehen lässt. In Gestalt eines Besuchers zum Beispiel, der sich dem Zauber des Moments nicht verschließen kann und spontan ein sauerländer Kompliment in Richtung des Gartentisches gegenüber ruft: „Sie haben aber 'ne schöne Farbe an Ihrem Kleid!" Die Gemeinte ist verwirrt, und sucht noch nach Konfitüreflecken auf dem sonnig-makellosen Beige, während das Ehepaar am Nachbartisch die Bemerkung kenntnisreich ins rechte Licht rückt: „Ich wusste gar nicht, dass der so'n Charmeur ist." Derweil kommt vom Erlöserkirchturm die klangvolle Erinnerung, dass die Zeit doch nicht stillsteht, während die nächste Leckerei ihrer Bestimmung zugeführt wird. Ein Schlückchen Café Hoppla dazu? Espresso mit heißer Chocolade, Amarula und Sahnehaube – erstaunlich, was alles in eine kleine Tasse und einen kurzen Namen passt.

Ein paar Momente für sich haben, den Alltag jenseits der Mauer lassen, während die Botschaft diesseits auf silbernen Tellerständern an den Tisch getragen wird. Darauf: Frühstücksvarianten, die locker das Mittagessen ersetzen und überleiten zum Nachmittagskaffee, gerne auch mit Schuss. Die Schweizer haben das offensichtlich kultiviert, denn nach ihnen ist die Variante „mit Obstbränden und Sahnehaube" benannt. Hier hat selbst die Schokolade Esprit (Rum, Amaretto oder Williams). Fruchtig geht's dazu auf dem nächsten Teller weiter. Die Gabel sticht in Aprikosentorte mit Mohnkörnern, in Rhabarber-Erdbeer-Garnitur auf Vanillecreme.

Und später vielleicht noch in etwas Deftiges, das sich genauso saftig umbacken lässt wie Süßes.

Susanne Kornau

Info:

Die „Conditorei Weßling" an der Hochstraße hat dienstags bis samstags von 9 bis 18 Uhr geöffnet, sonntags von 10 bis 17.30 Uhr.
Montags ist Ruhetag. Im Café gibt es 33 Plätze, im Garten nochmals 20.

üdenscheider Nachrichten
Alarmierende

Ohne Pommes geht's nicht

70. Folge: Einen Tag im Familienbad am Nattenberg verbringen

Spaß für die ganze Familie – das verspricht das Schwimmbad am Nattenberg. Und hält es ein. Bewaffnet mit Badeanzug beziehungsweise -hose, Handtüchern, Latschen, Wasserball und Frisbee geht es los. Das Schwimmbad ist gut gefüllt. Freie Liegen sind keine mehr zu ergattern, aber das schmälert das Vergnügen nicht. Wer will schon auf die Liege, wenn er auch ins herrliche Nass hüpfen kann?
Aber zuerst: duschen. Und zwar kalt. Die warme Dusche nach den Umkleidekabinen kann da nicht mithalten.
Schwimmbad – das ist auch ein eiskalter Guss wie mit kleinen Eiszapfen, die auf die Haut prasseln. Und dann ist das Wasser im großen Becken auch gleich noch mal so warm. Die ganz Sportlichen ziehen ihre Bahnen – ob im Kraul- oder Bruststil. Ein Mann mit üppigen Tätowierungen lässt die Muskeln richtig spielen, gibt den Michael Groß aus Lüdenscheid und übt den Schmetterling. Nur mit Mühe schafft man es, den Blick von so viel Körpereinsatz loszureißen. Aber die große Wasserrutsche im Nebenbecken ist ein gutes Argument. Schnell die Treppe hoch und mit einem gekonnten Hecht ab in die Plastikröhre.
Die beiden Mädchen sind schnell unten, klatschen ins Becken und wollen am liebsten sofort wieder die Treppe hoch und erneut in die Rutschbahn. Aber der Vater fehlt noch! Wo bleibt der bloß? Er war doch direkt hinter ihnen. Aber da wo Vaters Füße und Beine auftauchen sollten, plätschert nur ein Rinnsal aus der Rutsche.
Schließlich taucht der Mann endlich auf. In Zeitlupe rutscht er über das Plastik und plumpst dann wie ein nasser Sack ins Becken. Die beiden Badenixen wollen den Grund seiner Verspätung wissen und lassen nicht locker. „Da war zu wenig Wasser", grummelt Vater. Und die Töchter prusten los: „Du bist steckengeblieben. Du musst abnehmen!"
Trotz dieser Beleidigung ist der Spaß nicht getrübt. Also geht es ab ins große Becken. Der Frisbee fliegt tief – aber das stört die Mitbadenden nicht. Schließlich hat man ein Exemplar aus Stoff gewählt und keine Hartplastikscheibe.
Abgekämpft vom Spiel macht sich dann der Hunger bemerkbar.
„Ich will Pommes", heißt es synchron aus zwei Kehlen. Also ab ins kleine Restaurant. Und natürlich schmecken die Pommes großartig. Wie alle Schwimmbadpommes. Das war so, das ist so – und das wird hoffentlich auch so bleiben.

Thomas Krumm

Info:

Familienbad: Montag 10 bis 21 Uhr, Dienstag bis Freitag 6.30 bis 21 Uhr; Samstag, Sonntag, Feiertag 8 bis 20 Uhr. Sauna und Sole: Montag bis Freitag 10 bis 21 Uhr, Samstag, Sonntag, Feiertag 9 bis 20 Uhr.
Variobecken: Mittwoch und Freitag 18 bis 20 Uhr, Samstag, Sonntag, Feiertag 10 bis 13 Uhr. Lehrschwimmbecken: ganzjährig Dienstag 14 bis 16 Uhr, Mittwoch 14 bis 16 und 18 bis 20 Uhr, Freitag 14 bis 20 Uhr, Samstag, Sonntag, Feiertag 10 bis 18 Uhr.
Kassenschluss ist jeweils eine Stunde vor Ende der Badezeit.

„Ausblick bis zur Nordsee"

71. Folge: Bei einer Stadtführung in Lüdenscheids Vergangenheit eintauchen

Eine lehrreiche Reise in Lüdenscheids Historie bietet der Stadtführerdienst der Stadtverwaltung allen Interessierten.
Dass es bei der rund eineinhalbstündigen Tour nicht nur um trockene und ernste Vermittlung von Daten und Fakten geht, beweist Günter Rövenstrunk. Seit 19 Jahren aktiver Stadtführer, verblüfft er seine Gruppe am Modell des ältesten erhaltenen Stadtplans gegenüber dem Stern-Center-Eingang an der Wilhelmstraße. „Dies ist der Punkt Lüdenscheids, von dem man früher den weitesten Ausblick hatte – bis zur Nordsee." Die ungläubigen und skeptischen Blicke wandeln sich schnell in Gelächter, als er auf das früher im nebenstehenden Inselhaus untergebrachte gleichnamige Fischrestaurant verweist. Da bleibt so manchem gleich besser im Gedächtnis, dass der Architekt J. M. Moser den Stadtplan nach dem letzten großen Stadtbrand im Jahre 1723 angefertigt hat.
Während der Innenstadt-Altstadt-Führung, die am Rathaus beginnt, hält Rövenstrunk selbst für Lüdenscheider viele interessante Neuigkeiten bereit. Nur zwei Beispiele: Auf dem Rand des munter sprudelnden Neumann-Brunnens auf dem Sternplatz zeigt er das älteste Stadtsiegel der Bergstadt aus dem Jahre 1351. Wer mag, kann sich später sogar das Original anschauen: Es ist als Leihgabe in der Schausammlung des städtischen Museums zu bewundern.
Und in der Kirche St. Joseph und Medardus präsentiert er eine der ersten beiden Glocken, die im ehemaligen Dachreiter der Kirche läuteten. Gegossen 1887 von der Firma Petit und Gebrüder Edelbrock in Gescher/ Westfalen, lautet die Inschrift auf der damals 1,10 Mark per Pfund teuren Glocke: „St. Joseph ist mein Name, ruf' dich gern alle Tage."
Angesichts der Fülle weiterer Details aus Lüdenscheids Stadt- und Industriegeschichte, die Rövenstrunk preis gibt, zeigen sich einige Teilnehmer sichtlich überrascht, wie schnell eineinhalb Stunden vergehen können – und der Applaus für den Stadtführer belegt, dass der Spaziergang in die Vergangenheit gefallen hat.

Wolfgang Kleinfeld

Info:

In den Monaten April bis Oktober bietet der Stadtführerdienst der Stadt Lüdenscheid jeden ersten Donnerstag um 17 Uhr und jeden dritten Sonntag im Monat um 11.15 Uhr regelmäßige Stadtführungen an.
Treffpunkt ist der Rathauseingang am Rathausplatz.
Eine Anmeldung ist nicht erforderlich. Teilnehmer zahlen drei Euro pro Person, Kinder bis 12 Jahre sind frei.
Weitere ausführliche Informationen über die verschiedenen Angebote von Führungen in Lüdenscheid finden Interessierte unter www.luedenscheid.de.

Geruch von glühendem Eisen

72. Folge: Die Schmiedetage im Bremecker Hammer besuchen

Das Gebäude wirkt auf den ersten Blick wie einer von diesen Orten, an denen die Zeit stehen geblieben ist. Verlassen. Vergessen. Einsam. Wenn da nicht dieses beständige Wummern wäre. Wie der monotone Singsang einer nimmermüden Maschine. Wie das permanente Dröhnen eines Hammers, der auf seinen Amboss fällt. Des Bremecker Hammers, dessen Betrieb mit dem Beginn der Industrialisierung im 19. Jahrhundert dem wachsenden Bedarf an Eisen und Stahl Rechnung trug.
Mehrmals im Jahr erwacht das Schmiedemuseum aus seinem Dornröschenschlaf an der Brüninghauser Straße. Dann legt sich die engagierte Helfermannschaft um Kunstschlosser Dietmar Conradt ins Zeug und zeigt, auf welch Schweiß treibende Weise unsere Vorfahren ihrem Tagwerk nachgingen.

Info:

Das Schmiedemuseum Bremecker Hammer (Brüninghauser Str. 95) ist vom 1. Mai bis zum 15. Oktober geöffnet. Freitags können Interessierte von 14 bis 17.30 Uhr die Vorführungen besuchen; samstags, sonntags und an Feiertagen öffnet das Museum von 10 bis 17.30 Uhr seine Pforten. Der Eintritt ist frei. Führungen können unter Tel. 0 23 51/17 14 96 vorangemeldet werden.

Fünf Vorführungen schafft Dietmar Conradt am Tag, mehr ist körperlich nicht drin. Und dabei geht der Kunstschlosser nicht gerade zimperlich mit seinem Arbeitszeug um. Schweiß perlt von seiner Stirn, wenn er in der stickigen Luft der Schmiede das glühende Eisen aus der Esse nimmt.
Mit 1200 Grad lodert ihm die Hitze entgegen.
Ein nicht ungefährliches Hobby, in dem der Schlosser aufgeht. Der Hammer fällt mit wuchtigen Schlägen auf das Eisen, Funken sprühen umher und verglühen, noch bevor sie am Boden sind. Conradt und seine Helfer schmieden den Klassiker am Bremecker Hammer. Aschenbecher, die schon der verstorbene Kustos des Bremecker Hammers, Willy Binczyk, unermüdlich anfertigte. Wer möchte, kann einen dieser Aschenbecher kaufen. Hin und wieder fertigt der Kunstschlosser auch kleine Auftragsarbeiten an. Aber nicht dann, wenn „Besuch da ist“.
Dann gibt's nur Aschenbecher.
Noch ist man am Schmiedemuseum in der glücklichen Lage, den Kommerz nicht in den Vordergrund schieben zu müssen.
Der Mannschaft geht es einzig darum, ein vergessenes Handwerk wieder in die Erinnerung zu rufen. Stolz sind die Unermüdlichen im Schmiedemuseum, wenn die Besucher mit staunenden Augen zusehen und einen Schritt zurückweichen, wenn die Funken sprühen.
Der Besuch der Schmiedetage ist ein Erlebnis, das im Gedächtnis bleibt, auch wenn der Geruch von Feuer und glühendem Eisen lange schon verweht ist.

Jutta Rudewig

Rückzug – auch für Menschen

73. Folge: Auf den Spuren der Garnison im Naturschutzgebiet Stilleking wandern

Südlich der Innenstadt hat Lüdenscheids Natur wohl die gründlichste Metamorphose erlebt. Hier breitet sich eine Oase aus – grüne Lunge, Naherholungsgebiet, Weideland, der Stilleking, Naturschutzgebiet auf 153 Hektar. Aber hier finden sich auch Reste einer vergangenen Ära.
Bis 1994 haben Panzerketten hier die Grasnarbe zerfetzt, und Infanteristen gruben sich in Schützenstellungen ein. Geschütze brüllten, Motoren röhrten, Offiziere bellten Befehle. Der Truppenübungsplatz der belgischen Garnison, die 1946 in Lüdenscheid stationiert wurde, war für Einheimische und Zivilisten tabu.
Jetzt herrscht hier paradiesische Ruhe. Spätestens auf dem Weg über die ehemalige Panzerstraße, robust angelegt aus Betonplatten, lässt der Wanderer die Stadtgeräusche hinter sich.
Ein rostiger Schlagbaum auf der Kuppe – hier war früher Schluss für Unbefugte – hält Autofahrer ab. Links und rechts des Weges wird der Wald dichter.
Und bevor die Sicht freier wird, bevor das Weideland für die rückgezüchteten Auerochsen, die Heckrinder, sich vor dem Blick des Wanderers öffnet, fällt der Blick auf einen grob verputzten und verwitterten Torpfosten. Er steht an der Zufahrt zu Relikten militärischen Treibens aus Zeiten des Kalten Krieges. Rechts die gigantische Panzerhalle, rund 100 Meter lang: Es fehlen Stahltore, Fenster sind zerborsten, Mechaniker-Gruben zugeschüttet, bröckelnder Putz ist von Graffiti übersät. Links die alten Unterstände für die Fahrzeuge und Lafetten der belgischen Artillerie. Hier lagert jetzt Brennholz und Gerät.
Die NRW-Stiftung, die Stadt Lüdenscheid und der Förderverein Naturschutz Märkischer Kreis haben einen Großteil des Geländes gekauft. Gemeinsam mit dem Kreis und dem in Lüdenscheid ansässigen Naturschutzzentrum Märkischer Kreis setzen sich die Akteure dafür ein, dass der Stilleking ein Rückzugsraum für gefährdete Tiere und Pflanzen bleibt. Alte Kulturlandschaft, ausgedehnte Magerweiden und Zwergstrauchheiden, in denen bedrohte Vogelarten wie die am Boden brütenden Feldlerchen oder Wiesenpieper leben. Hier kommen auch noch selten gewordene Pflanzen wie das Quendelblättrige Kreuzblümchen und der Behaarte Ginster vor. So ist es auf einer Info-Tafel unweit der alten Panzerhallen zu lesen.
Schräg gegenüber ragen Kanten von Betonplatten aus dem Waldboden. Und daneben: stählerne Rippen, die in zwei Reihen einen halben Meter hoch aus dem wieder begrünten Untergrund wachsen. Sie dienten als Fahrbahn und Waschanlage für die Panzerketten, die den Lehm nach dem Manöver nicht auf den Straßen verteilen sollten.
Dies alles in scheinbar unberührter Natur, am Stadtrand. Naherholung im besten Sinne. Und ein bisschen Unterricht in Stadtgeschichte.
1994 rückten die Belgier ab. 2002 kamen die Heckrinder. Ein echter Rückzugsraum ist der Stilleking – auch für Menschen.

Olaf Moos

Dem Gründerzeit-Charme auf der Spur

74. Folge: Eine Architektur-Tour durch Lüdenscheid unternehmen / Prächtige Fabrikantenvillen

Stolz reckt sich der Turm des Hauses an der Ecke Bahnhofstraße/ Friedhofstraße dem Stadtzentrum entgegen. Wie viele andere Häuser aus seiner Entstehungszeit verrät es selbst sein Baujahr: 1899.
Womit der Besucher schon direkt neben dem Bahnhof in jener Zeit angekommen wäre, die wie keine andere Lüdenscheids Gesicht geprägt hat: die Gründerzeit.
Wer Zeit hat, kann den ausgedehnten Gang in die Stadtmitte noch ein wenig aufschieben und die Bahnhofstraße bis zur Christuskirche hinaufgehen, die ebenfalls zwischen 1900 und 1902 errichtet wurde.
Nur wenige Bausünden und die stark befahrenen Durchgangsstraßen trüben die Zeitreise in eine Epoche, in der Lüdenscheid architektonisch entscheidend geprägt wurde.
Wer sich nach diesem ersten Eindruck weiter auf die Suche machen möchte, sollte zwei Gewissheiten mit auf den Weg nehmen:
Die Lüdenscheider waren in der Regel bereit, ihr einstmals recht prächtiges Stadtbild für den Verkehr, für Wirtschaft und Handel, also kurz fürs Geldverdienen, zu opfern. Andererseits umfasst die Denkmalliste der Stadt derzeit immer noch rund 160 Objekte. Dazu kommen weitere Gebäude, deren Denkmalwert wenigstens der Lüdenscheider Geschichts- und Heimatverein würdigte.
Die Suche und ein aufmerksamer Rundgang lohnen sich also. Vor allem dann, wenn man nach dem Überqueren des runderneuerten Rathausplatzes den Blick einmal nicht auf die Auslagen im Erdgeschoss der Wilhelmstraße wirft, sondern in die Etagen darüber: Prächtige Bürgerhäuser mit all jenem schönen Zierrat, der den Charme der Gründerzeit ausmachte, stehen hier in Reihe. In zentraler Lage befindet sich das im Jugendstil erbaute Inselhaus, das wie wenige andere nicht durch die damals so beliebten historistischen Anleihen in der Vergangenheit besticht. Neo-Renaissance, Neo-Barock und Neo-Klassizismus lassen grüßen.
Der rot leuchtende Eckturm der Adler-Apotheke weist den weiteren Weg zur Erlöserkirche im Zentrum der Altstadt. Dort ist viel zu entdecken: Das alte Rathaus, das aus dem 18. Jahrhundert stammende Gebäude Rathausplatz 3, und die Nebenstraßen aus der gleichen Zeit:
An der Herzogstraße erwartet die Besucher ein ganzes Ensemble von klassizistischen Bürgerhäusern aus dem 18. Jahrhundert.
Wer danach noch Luft und Lust auf mehr hat, dem bietet sich ein reiches Angebot an prächtigen Fabrikantenvillen und backsteinernen „Fabriksken" aus jener Zeit, in der das Wort „Gewerbegebiet" noch fremd war und keine ausgeprägte Funktionsteilung zwischen Wohnen und Arbeiten existierte.
Einen Besuch wert sind am Rande des Zentrums auch jene prachtvollen Funktionsgebäude, die ebenfalls in der Gründerzeit errichtet wurden: das Gebäude der alten Hauptpost an der Altenaer Straße (1891-1893), das Zeppelingymnasium (1890) und das alte Amtsgericht an der Ecke Philippstraße/Freiherr-vom-Stein-Straße.

Thomas Krumm

ecco

18 99

P.C. TURCK WWE

ADLER-APOTHEKE
42

Absurdes und Nervenkitzel mitten in der Stadt

75. Folge: Eine Nachtfahrt durch Lüdenscheid unternehmen / Wenn der Letzte doch endlich mal das (Ampel-)Licht ausmachte...

Ein Mensch, ein Auto, eine Stadt. Mehr gibt es hier nicht – nachts! Wer sich, aus welchen Gründen auch immer, mitten in der Nacht, am besten zwischen 3 und 4 Uhr, auf den Weg quer durch die Bergstadt macht, fühlt sich wie in einem Film. Es drängt sich der Vergleich zu der Eingangsszene des Tom-Cruise-Films „Vanilla Sky“ auf: Ein Mann fährt aus der Tiefgarage. Nach und nach macht sich das Gefühl breit, dass irgendetwas nicht stimmt. Krampfhaft überlegt er, was der Fehler im Bild sein könnte. Dann packt ihn die beängstigende Erkenntnis: die Menschen! Die Menschen sind weg! Alle!

Genauso gespenstisch – aber erwartbarer – präsentiert sich die Szenerie bei einer Nachtfahrt durch Lüdenscheid. Ein Event der ganz besonderen Art. Empfehlenswert für jeden, der ein Faible für Absurdes hat und Nervenkitzel zu schätzen weiß.

Los geht es am Rande der Stadt – in Othlinghausen. Dass hier der Mob um diese Uhrzeit nicht mehr auf den Straßen tobt, wundert keinen. Schön nur, dass die Ampeln – wie übrigens im ganzen Stadtgebiet! – dennoch geschaltet sind. Zucht und Ordnung machen vor nichts halt – auch nicht vor dem Nichtvorhandensein von Verkehrsteilnehmern.

Aber die Zwangspausen an den Ampeln haben auch ihr Gutes: Man kann den Blick schweifen lassen. Über – nichts! Große Kreuzung Höhe Kreishaus. Niemand ist in Sicht. Niemand! Nur helle Ampeln und davon gleich ganz viele! An der Christuskirche herrscht, wer wäre drauf gekommen, gähnende Leere. Eigentlich könnte man hier mal ganz galant rechts um die Ecke brausen – aber nichts da! Die Ampel ist rot. Und macht einen Blick in die Knapper Straße möglich. Hier, wo sich am Tag die Autos und Menschen auf engstem Raum tummeln, ist tote Hose angesagt. Und so geht es weiter. Sauerfeld, Museum, Kulturhaus – alles ist wie ausgestorben. Weiter geht es Richtung Hellersen. Vorbei an den Häusern an der Herscheider Landstraße geht die Fahrt. Und dann das! Ein anderes Auto. Unwillkürlich geht man in die Eisen! Der Fahrer des anderen Autos übrigens auch. Die beiden Wagen trennt nur eine Ampelkreuzung. Steigt der anderer Fahrer jetzt gleich aus und entpuppt sich als Freddy-Krüger-Verschnitt mit Kettensäge und einer latenten Lust am Zerteilen von…? An dieser Stelle sollte man sich selbst tunlichst zur Ordnung rufen und sich klarmachen, dass es in Lüdenscheid keine Elm Street gibt – und sich auch der Alptraum in Grenzen hält. Und der wäre ganz aus der Welt zu schaffen, wenn der Letzte endlich mal das (Ampel-)Licht ausmachte.

Thomas Krumm

Märkischer Kreis

Die „Straße der Nationen“

76. Folge: Mit 50 Euro Budget auf der Knapper Straße einen Einkaufsbummel machen

Ein freier Tag mit Zeit und Lust auf eine Shoppingtour. Im Geldbeutel tummeln sich neben ein paar Scheinchen noch einige Münzen; das dürften zusammengezählt ungefähr 50 Euro sein. Eine Menge an guten Gründen also, um einer der belebtesten Straßen Lüdenscheids einen Besuch abzustatten: der Knapper Straße. Wie weit kommt Mann oder Frau denn mit den besagten 50 Euro in dieser Straße? Einige der Euros gehen erst einmal für das Parken drauf, wenn man denn das Glück hat, dort einen Platz zu ergattern.

Das Männerherz könnte Sprünge machen beim großen Angebot in den Elektronik-Shops. Einen Monitor gibt es da schon ab 30 Euro; Spiele ab fünf Euro und die dazu notwendige Spiele-Konsole ab 40 Euro. Die Damenwelt zieht es eher zu den Geschäften, in denen es das gibt, was das Frauenherz begehrt – Kleidung nämlich. Die findet man in den verschiedenen Shops für ganz wenig und für ein wenig mehr oder sehr viel Geld. Frau kann da Shirts ab 3,99 Euro erstehen, aber auch diejenigen, deren Preise erst bei 29 Euro beginnen. Bei den Markenhosen reicht das, was sich da im Geldbeutel befindet, nicht ganz aus.

Da müsste man drauflegen. Dafür gibt es im benachbarten Geschäft ein Dirndloberteil für ganze 12,99 Euro. Gut, es ist reduziert; sieht aber toll aus und man muss dafür auch wirklich kein Oktoberfest-Fan sein. Blieben noch knapp 37 Euro übrig für Weiteres von der Knapper Straße. Raus aus dem einen Geschäft stolpert man über ein Schild an der Tür. „Finanzberater“ steht darauf. Kühl überlegt: Die 50 Euro doch lieber anlegen? Schnelle Antwort: Nein! Ergo weitershoppen.

Spielzeug gibt es im nächsten Geschäft für wenig Geld. Oder doch den Wickelrock in freundlichen Farben? Der Friseur gleich nebenan lockt mit 14,50 Euro für einen Haarschnitt. Die Augenbrauen kann man sich für schlappe 5 Euro färben lassen. Und so gestylt könnte es ab zum Blumengeschäft gehen. 4,90 Euro für eine schöne Rose im Glas zahlt man dort; für die edle Orchidee im stilvollen Übertopf 30 Euro. Da könnte man doch glatt noch einen Strauß für die Freundin mitnehmen. Für einen Kaffee, ein Eis oder einen Döner reicht das Geld dann immer noch.

Es ist leicht, an der Knapper Straße Geld auszugeben. Schwierig aber, sich zu entscheiden, wofür. Ein Erlebnis ist diese Straße, die einen ganz eigenen Charme hat, jedoch auf jeden Fall. Und der Charme liegt nicht nur an den Geschäften und Häuserfassaden, sondern in erster Linie an den Menschen, die man dort trifft. Deutsch, Englisch, Türkisch, Kroatisch, Georgisch, Italienisch, Griechisch, Albanisch oder kehliges Arabisch vermitteln das Gefühl von Weltoffenheit. Die Knapper Straße ist eben ein Erlebnis für den Geldbeutel und für die Augen.

Monika-Marie Finke

KnapperGalerie
ALTENA
MITTELALTER
ART

RESTAURANT
ADAC
MK AH 2809

Eis geht einfach immer …

77. Folge: Eine leckere Pause in einem der Lüdenscheider Eiscafés einlegen

111 DINGE DIE MAN IN Lüdenscheid GETAN HABEN MUSS

Eis geht einfach immer. Zu jeder Tages- und Nachtzeit. Als Aufmunterung bei Regen und als Abkühlung bei Sonnenschein. Wenn der erste Löffel des kühlen Genusses auf der Zunge zergeht, ist einfach alles vergessen. Zumindest für echte Eisliebhaber. Und die kommen auch in Lüdenscheid voll auf ihre Kosten. Denn das Angebot an selbst gemachtem Speiseeis ist groß – man hat die Qual der Wahl, oftmals aus bis zu 50 Geschmacksrichtungen.
Und dennoch: Es gibt Sorten, die dürfen einfach nicht fehlen, wissen die heimischen Eiscafé-Inhaber. „Wären Vanille, Schokolade, Banane, Erdbeer oder Stracciatella nicht da, wäre das wie eine Kneipe ohne Bier." Dennoch probieren die „Eismacher" natürlich auch neue Sorten aus, um den Eisliebhabern so viel Abwechslung wie möglich zu bieten. Vieles entsteht zufällig. Gibt es neue Trends, werden sie umgesetzt. Und: Auch der Name trägt viel zum Erfolg einer Eissorte bei: Kommt eine Sorte mal nicht so gut an, dann entsteht aus „Quark" nach Zugabe von Keksen kurzerhand die Sorte „Cheesecake".
Und so schweift der Blick des Eisliebhabers durch die Kühltheken, bleibt an farbenfrohen Sorten wie Schlumpf-Eis oder Minze hängen, zieht weiter zu Malaga, Mokka oder Amarena, um dann an den endlosen Fruchtsorten von A wie Ananas bis Z wie Zitrone hängen zu bleiben.
Und dann gibt es neben den Klassikern natürlich auch einige Exoten: angefangen bei „Black Mamba", dessen pechschwarze Farbe, gepaart mit knallroten Knisterbröckchen, vor allem bei den jüngeren Eisfans gut ankommt, bis hin zu einer Abwandlung des Energy-Drinks „Red Bull".
Eis mit Aromen von Spargel, Tomate oder Knoblauch sucht man in den Kühltheken allerdings vergebens, auch wenn die Gelatiere auf Wunsch schon einmal ein Kartoffeleis oder eine Kreation mit Basilikum entworfen haben. Dennoch sind sich alle einig: „Eis muss süß und fruchtig schmecken, das ist Tradition."
Doch was ist mit jenen, die sich nicht mit ein, zwei Kugeln zufrieden geben, die mehr wollen? Auch sie kommen in den Lüdenscheider Eiscafés natürlich auf ihre Kosten. Bis zu 80 Eisbecher finden sich in den farbenfrohen Hochglanz-Karten. Von der „Biene Maja" und „Mickey Mouse" für die Kleinsten über diverse Frucht- und Joghurt-Becher bis hin zu den Variationen mit Schokolade, Nuss und Alkohol. Und wer lieber zu zweit schlemmt, für den lassen Pärchenbecher mit bis zu 13 Kugeln wahre Zweisamkeit aufkommen.
Und zu guter Letzt ist da noch eine Kreation, die sich seit vielen Jahren bei Groß und Klein größter Beliebtheit erfreut und auch in Lüdenscheid zu den meist verkauften Eisbechern gehört. „Das ist einfach ein Klassiker", sagen die Fachleute. „Einfach lecker", die Genießer. Und schon der Anblick macht glücklich. Wenn dann auch noch die weißen Schokosplitter zwischen den Zähnen knacken, die fruchtige Erdbeersauce den Gaumen küsst und man es durch drei Kugeln Vanilleeis bis zur gefrorenen Sahne geschafft hat, dann ist die Welt, zumindest für einen Augenblick, wieder in Ordnung… danke, Spagetti-Eis!

Kerstin Zacharias

Alles – außer Atomwaffen

78. Folge: Samstags beim STL-Recyclinghof vorbeischauen

111 DINGE DIE MAN IN Lüdenscheid GETAN HABEN MUSS

Preisfrage: Wohin gehen Lüdenscheider, wenn sie am Samstag Leute zum Plaudern treffen, Möbel anschauen und noch ein wenig Altlasten loswerden wollen? Richtig – zum STL-Recyclinghof!
Hier knubbeln sich die Autos an den Containern für Sperrgut, Papier und andere Sachen, die man zuhause aus den Ecken haben möchte. Während drei Matratzen in der Sperrgutpresse verschwinden, kniet neben dem Altpapiercontainer ein Mann, der einen Berg Aktenordner vor sich liegen hat. „Vielleicht sind da noch Dinge dabei, die ich brauche", erklärt er entschuldigend und blättert weiter. Da fällt es der Frau am Altbatterien-Eimer schon leichter, ihren „Müll" loszuwerden. Sieben Einkaufstüten mit den alten Energiespendern hat sie dabei – „für eine oder zwei Batterien lohnt sich der Weg nicht", sagt sie. Und erzählt dann, mit Blick auf den Weinkorken-Behälter: „Die würde ich nie wegschmeißen – da suche ich mir lieber ein paar schöne aus."

Info:

Geöffnet ist der STL-Recyclinghof (Am Fuhrpark 14) von montags bis freitags in der Zeit von 8 bis 18 Uhr und samstags von 8 bis 16 Uhr. Sperrmüll, E-Schrott, Grünabfälle, Metallschrott, Altöl, Altpapier, Farben und Lacke, Batterien und vieles mehr können abgegeben werden.

Bei Korken schaut Martin Ceglieski, Vorarbeiter beim Stadtreinigungs- und Transportbetrieb, sicher weg – bei Möbeln oder Elektrogeräten darf er das nicht. „Wenn sich jemand an den Gitterboxen bedienen möchte, müssen wir einschreiten." Ceglieski kennt seine Pappenheimer – und schätzt sie. „Wir haben viel Stammkundschaft. Rund 1200 Autos fahren hier samstags auf den Hof. Da sind Lüdenscheider dabei, die fast jede Woche vorbeikommen und nur einen gelben Sack und ein Einmachglas bringen", erklärt Ceglieski. Kurios? „Nee, ganz normal", berichtet Ceglieski. Und grinst breit hinter seiner Sonnenbrille: „Wir kriegen alles. Alles außer Atomwaffen. Die hatten wir noch nicht!" Dafür aber Panzergranaten und Übungsmunition von der Bundeswehr.
Martin Ceglieski nimmt das gelassen: „Auch solche Klamotten müssen raus aus dem Haus."
Das Verständnis für den Müllentsorgungswillen seiner Mitmenschen ist nicht aufgesetzt. Ceglieski mag seine „Kunden" und behandelt sie auch so. Das wissen die Lüdenscheider zu schätzen. „Die Leute sind immer nett und freundlich", sagt Magdalene Maaßen. Sie hat nur ein paar Farbeimer dabei. Die muss sie nicht selbst aus dem Auto heben. Das macht STL-Urgestein Khalil Cehali. Seit 23 Jahren ist der Mann beim STL beschäftigt, den alle nur unter dem Namen „Habibi" kennen – ein arabisches Wort, das mit „mein Lieber" übersetzt werden kann. „Ich glaube, die meisten wissen gar nicht mehr, wie ich wirklich heiße. Aber das ist mir egal."
Bevor er weiterreden kann, schallt sein Kosename laut über den Hof. „Ich muss los. Kundschaft", sagt er mit einem verschmitzten Lächeln.

Thomas Krumm

SKIN CARE

Langsamkeit ist Trumpf

79. Folge: Den Waldlehrpfad an der Versetalsperre besuchen

Geübte Wanderer können den Rundweg in einer guten halben Stunde schaffen. Aber ist solch ein rasantes Tempo wirklich gewünscht? Nein! Denn der rund 1200 Meter lange Waldlehrpfad an der Versetalsperre soll Spaß machen und den Blick für das Biotop Wald öffnen. Und das kann manchmal nur dann glücken, wenn man sich Zeit lässt und Muße walten lässt.
Und wer denkt, dass die bunten Lehrtafeln, die Holzstämme und Guckkästen, die den Waldlehrpfad an den einzelnen Stationen bilden, nur etwas für Kinder sind, der irrt sich gewaltig. Jeder kann hier etwas Neues und Spannendes lernen. Denn wer kennt sie schon alle, die heimischen Baum- und Tierarten? Aber wer die Rinden der Baumstämme abtastet und genau betrachtet, der erinnert sich am Ende des Tages wahrscheinlich leichter, wie Eiche, Buche und Fichte aussehen.

Info:

Die Talsperre staut den Fluss Verse, der bei Meinerzhagen seine Quelle hat und bei Werdohl in die Lenne mündet. Neben der Bigge, Möhne und Sorpe gehört die Verse zu den größten Stauseen des Sauerlandes.
Ihr Bau dauerte 23 Jahre, er begann 1929 und endete erst 1952.
Eigentümer der Versetalsperre ist der Ruhrverband. Das Wasserkraftwerk an der Verse erzeugt pro Jahr rund 1,2 Millionen Kilowattstunden Strom und deckt so den Bedarf von circa 350 Haushalten.

Ein Spaziergang am Nebenbecken der Versetalsperre ist immer wieder ein Vergnügen. Der Wechsel der Jahreszeiten wird hier plötzlich mit allen Sinnen erfahrbar. Den Farbwechsel des Laubes einmal im Jahreslauf zu beobachten, das macht Spaß.
Der Lebensraum Wald – das ist hier an der Verse nichts Abstraktes, sondern etwas ganz Reales, Greifbares. Schade nur, dass sich an normalen Tagen doch eher wenige Wanderer an der Talsperre im Südosten Lüdenscheids finden lassen. Dabei ist die Verse doch als Naherholungsgebiet gedacht. Und einen Blick auf das Wasser zu werfen, das irgendwann auch aus dem heimischen Wasserhahn rauschen könnte, allein das ist einen Besuch wert. Mit einem Fassungsvermögen von mehr als 32 Millionen Kubikmetern Stauinhalt ist die Verse die größte Talsperre im Märkischen Kreis. Und weil sie als Trinkwasserreservoir für die Bergstadt angelegt wurde, dürfen sich Wasserfreunde auf ihr nicht tummeln. Da bleibt nur das Ufer und Ausblicke auf das blaue Nass.
Jogger, Inline-Skater und passionierte Wanderer dürfen die Verse jedoch für ihre Zwecke nutzen und wissen sie und ihre asphaltierten Uferwege zu schätzen – und die sportbegeisterten Besucher kommen manchmal auch aus dem Ruhrgebiet, wie ein Blick auf die Kennzeichen der Autos, die auf den Parkplätzen an der imposanten Staumauer abgestellt sind, zeigt.

Thomas Krumm

Naturerlebnispfad
DING
Holz macht Musik

Mehr als nur Wasserspender

80. Folge: Eine Brunnen-Tour durch die Stadt unternehmen

Geocacher haben Lüdenscheids Brunnen längst als attraktive Ziele entdeckt. Wer mag, kann nach ihrem Besuch Fragen beantworten wie diese: „Wann wurde Graf Engelbert I. von der Mark geboren?“ „Aus wie vielen Löchern tritt das Wasser beim Wien-Brunnen aus?“ oder „Wie heißt der Industrielle, geboren in Peddensiepen, der diesen Brunnen seinem Vater gewidmet hat?“
Womit wir mit letzterer Frage beim schönsten, aber auch trockensten Brunnen der Bergstadt sind, dem Selve-Brunnen am ehemaligen Amtshaus. Wer Lüdenscheids Brunnen kennenlernen möchte, sollte sich vom Wassermangel im gut 100 Jahre alten Prachtstück des italienischen Bildhauers Luigi Calderini nicht abschrecken lassen. Der Brunnen stellt seine Herkunft aus einem noch sehr ländlichen Lüdenscheid in den Jahreszeiten-Reliefs zur Schau – trotz der Industriellen-Familie Selve, die an seinem Ursprung stand.
Viele Jahrzehnte später schuf K. T. Neumann, ein Kunstschmied mit großen künstlerischen Fähigkeiten, Ende der 1970er-Jahre den Neumann-Brunnen auf dem Sternplatz – verglichen mit anderen Arbeiten eine eher etwas grobschlächtige Arbeit, deren Rand bei Kindern aber für eine Umrundung des Brunnens sehr beliebt ist. Nach dem Vorbild anderer Brunnen erzählt auch dieser in seinen Reliefs Episoden aus der Geschichte – in seinem Fall natürlich der Lüdenscheider.
Um den Startpunkt der Bergstadt geht es in dem ungleich feingliedriger gestalteten Brunnen auf dem Graf-Engelbert-Platz. Den Stadtgründer Lüdenscheids gestaltete K. T. Neumann auf einem der Brunnenreliefs mit zwei Dokumentenrollen in den Händen. 1249 wurde Graf Engelbert I. von der Mark geboren – so verkündet es das Relief auch den suchenden Geocachern.
Jener Brunnen, der mit einigem Recht den Anspruch erheben kann, der originellste Brunnen der Bergstadt zu sein, steht seit 2011 im Schatten der Erlöserkirche in der Oberstadt. Wer mag, kann an dem kuriosen, aber gestalterisch eben auch angenehm modernen Brunnen von Waldemar Wien die Auslassöffnungen für das Wasser zählen, die mit dem kostbaren Nass eher sparsam umgehen. Alle anderen mögen sich einfach freuen an dieser schicken Neuerwerbung der Oberstadt.
Brunnen lassen Betrachter oft an Italien denken – das noch sehr junge Betonbecken auf dem Rathausplatz tut dies auf eine eher überraschende Weise. Wer hier die richtige Perspektive findet, kann den Eindruck bekommen, der Rathausplatz sei geflutet wie der Markusplatz in Venedig. Im alten Babylon wurden mit Hilfe solcher Wasserspiegel die Gestirne vermessen. Das macht heute niemand mehr. So verdient dieser Brunnen leider seine bösartige Qualifikation als „Vogeltränke“. Das funktioniert.
Auf privatem Grund steht eine vor der Kulisse des ehemaligen Amtsgerichts aufgestellte riesige Amphore, die von einer gekräuselten Wasserfläche gekrönt wird. Wohl dem Wanderer, der an diesem Ort ein wenig verweilen darf.

Thomas Krumm

Beschaulich und musikalisch

81. Folge: Eines der alten Dörfer in der Stadt besuchen – Othlinghausen

Wer Othlinghausen besucht, sollte sich ein wenig Zeit nehmen.
Groß ist der im Nordwesten der Stadt gelegene Stadtteil Lüdenscheids zwar nicht, aber es lohnt sich, zwischendurch immer wieder einmal innezuhalten, den Blick schweifen zu lassen über die schöne Landschaft drumherum und sich mitten im Ortskern auch einmal gedanklich darauf einzulassen, wie das wohl damals war, als ausschließlich die Landwirtschaft das Leben im Dorf prägte. Meine Schwiegermutter konnte sich noch gut daran erinnern, als Mädchen vom Dorf Oeneking aus, das auf der anderen Seite der Stadt liegt, ein Schaf zum Bock nach Othlinghausen gebracht zu haben. Einen Hauch davon können Besucher noch heute spüren, wenn Kühe gelassen und genügsam auf den grünen Wiesen weiden und der Blick über bestellte Felder und Streuobstwiesen schweift.
Aber gehen wir einmal vom Buckesfeld aus Richtung Othlinghausen. Gleich zu Beginn, an der Gabelung Othlinghauser Straße/Händelstraße, empfängt uns ein schöner Garten mit einer an die große Hauswand gemalten Sonnenuhr. Apropos Händel: In Othlinghausen finden sich viele Straßennamen, die an berühmte Komponisten erinnern.
Über die 1950er- und 1960er-Jahre wuchs Othlinghausen im Süden kontinuierlich – die gewählten Straßennamen machten den Abschnitt im Volksmund zum Musikerviertel. In den 80er- und 90er-Jahren kam auch östlich vom Dorfkern ein großes Neubaugebiet hinzu.
Im „Zentrum“ fällt der mächtige Gasthof Bräcker ins Auge, beliebter Einkehrpunkt für Wanderer, aber über mehr als 100 Jahre auch Domizil des MVG Othlinghausen, der immer wieder rauschende Feste in Othlinghausen veranstaltete und dem Chor und befreundeten Vereinen eine Heimat für Proben und gesellige Abende war und ist
Mittendrin im Dorfkern geht's rechts in die Straße „Zum Schierey“ und nach einigen hundert Metern noch dörflichem Charakter mit Höfen und Obstwiesen ins gar nicht mal so neue Neubaugebiet, in dem die Bewohner die Nähe zur Natur schätzen und in wenigen Minuten mittendrin sind. Von Eicken aus fällt der Blick in den nahe gelegenen Steinbruch, aber auch weit darüber hinaus zu bewaldeten Höhen, hinter denen sich wieder städtisches Leben verbirgt.
Doch bleiben wir noch ein Weilchen in Othlinghausen, kehren bei Bräcker ein, bummeln danach noch ein wenig durchs Dorf und an dessen Rändern, genießen die Ruhe und Beschaulichkeit, die trotz der Ausdehnung in den vergangenen Jahrzehnten geblieben sind und immer wieder mal einen Besuch lohnen.

Martin Messy

Krombacher

Farben, Fluppen, Flaschenbier

82. Folge: Das Entstehen großer Graffiti hinter der Schützenhalle beobachten

111 DINGE DIE MAN IN Lüdenscheid GETAN HABEN MUSS

Es ist die Stadt des Lichts, des sauberen Trinkwassers, der Wälder und Talsperren, ja, auch die Stadt der Werkzeugmacher. Auf jeden Fall aber ist Lüdenscheid die Stadt der Graffiti-Kunst. Und zwar die der legalen Sprayer. Neben den Schmierereien an Hauswänden haben die großformatigen Bilder aus der Sprühdose ihre festen Plätze im Stadtbild. Der Lüdenscheider Yves Thomé gilt als der Pionier der Szene.
„Seit 1985 bemühe ich mich, den Unterschied zwischen Graffiti und Graffiti öffentlich aufzuzeigen“, sagt er – und hat allen Grund zu gesundem Selbstbewusstsein. Denn er hat als illegaler Sprayer begonnen. Folgen seiner Jugendsünden sind mehrere Strafanzeigen wegen Sachbeschädigung. Die Sucht nach großflächiger Bemalung von Fassaden, Garagentoren oder Jugendräumen hat angehalten.
Die Obsession wurde Profession.
Und so kommt es zu wundersamen Konstellationen. Plötzlich beauftragen die Stadtwerke den Sprayer. Stellen sogar Baugerüste für ihn auf, wie am Trafohaus an der Altenaer Straße oder – etwas kleiner – im Loher Wäldchen. Gartenmauern, Rolltore oder Treppenaufgänge tragen die Handschrift Thomés.
Es sind Auftragsarbeiten, die den Besitz der Auftraggeber verschönern – aber auch schützen. Und zwar vor denen, die nachts umherstrolchen und ihre Namenszüge auf Fassaden schmieren – ohne Sinn und Verstand, aber auch ohne jeglichen künstlerischen Anspruch. Es gibt einen Ehrenkodex in der Szene, und der lautet: Nie ein gelungenes Graffito überschmieren! Zumeist wird der Grundsatz befolgt.
Zur Profession gehört aber auch Organisation. Ohne Netzwerk kein Erfolg. Dafür hat Yves Thomé das „Narrenhände.de“-Kollektiv ins Internet-Leben gerufen – eine virtuelle Versammlung von Wandkünstlern aus ganz Deutschland. Das Netzwerk um den Lüdenscheider Chef-Sprayer ermöglicht es Passanten, einerseits die unterschiedlichsten Epochen und Stilrichtungen fertiger Bilder zu begutachten – quasi die stadtweite Galerie.
Andererseits ist es spannend, das Entstehen zu beobachten. Meistens samstags, ab spätem Vormittag, geht's los.
Wieder beflügelt durch eine wundersame Konstellation: Ausgerechnet die Schützengesellschaft am Loh, geprägt von Tradition, Uniform und Nachwuchssorgen, öffnet sich einer vermeintlichen Subkultur – und stellt Thomé und seinen Freunden aus der Republik die Rückwand des Schießstandes hinter der Schützenhalle kostenlos zur Verfügung.
40 Meter Fassade – ein Paradies für die Szene. Passanten reagieren durchweg positiv, freut sich Yves Thomé. In den zurückliegenden zwei Jahren seien nur ein einziges Mal Polizisten aufgetaucht. „Aber die kannten uns schon und wussten, dass wir hier nichts Verbotenes machen.“ Spricht's, grinst und knackt die nächste Sprühdose an.
So wird aus der Stadt des Lichts und der Werkzeugmacher Bild für Bild auch eine Stadt der Toleranz.

Olaf Moos

251+

Ein verkanntes Dorf am Rande der Stadt

83. Folge: Mit einem Alteingesessenen über Brügges Vergangenheit plaudern. Theo Rademacher erzählt

Wer in Lüdenscheid wohnt, belächelt mitunter die Menschen aus Brügge. Egal ob es ums Einkaufen oder den eigenen katholischen Friedhof geht: Das Aufbegehren der Alteingesessenen im Volmetal gegen das völlige Vereinnahmtwerden hat ein bisschen was vom Kampf der Gallier gegen die Römer in den Asterix-Heften. Aber wer sich mit einem dieser Alteingesessenen unterhält, bekommt schnell ein ganz anderes Bild von Brügge.
Theo Rademacher erinnert sich gut an den Glanz vergangener Tage, als Brügge noch der große Eisenbahner-Ort war, der durchaus mit Häme auf Lüdenscheid blickte, das ein entscheidendes Manko hatte: einen Sackbahnhof, der nur von Brügge aus über eine schwere Steigung zu erreichen war. Das Dorf an der Volme war bis zum Bau der A 45 für die Lüdenscheider der wichtigste Verkehrsknotenpunkt, an der Bahnverbindung zwischen Ruhrgebiet und Rheinland und mit der parallel verlaufenden Volmestraße. Von Stüttinghausen über Pöppelsheim und die Mintenbecke bis zur Ahelle und nach Halverscheid und zur Linepper Mühle zog sich das Dorf.
Damals gehörte Brügge noch nicht zum Stadtgebiet. Es war ein eigenes Dorf – „und das bleibt es auch", sagt Rademacher. Noch heute künden die Brügger selbstbewusst „Wir sind Brügge i. W." auf ihrer Internetseite und die Titelseite ziert – wie sollte es anders sein – ein Foto vom alten Bahnhof. Die Eisenbahner, die waren wer in Brügge, erzählt Theo Rademacher. Sie bauten viele Häuser, in Winkhausen, vor den heutigen Sportplatz und entlang der Parkstraße. Zwei Stellwerke gab es in relativ kurzer Entfernung, einen Maschinenschuppen – und dazu diejenigen, die die Bahn als Transportmittel brauchten: „Die Zementfabrik in Ehringhausen war riesengroß."
Seit die Bahnstrecke 1874 eingeweiht wurde, boomte Brügge. „Fast 30 Geschäfte gab es", erinnert sich Rademacher – allein vier Metzgereien zwischen Winkhausen und Ahelle und drei Lebensmittelgeschäfte nur in Winkhausen. Dazu konnten die Bürger Kleidung und Kurzwaren kaufen. Die alte Turnhalle, 1912/13 gebaut, wurde oft als Festhalle genutzt – fast jedes Wochenende gab es Feiern der Vereine. Die „Sperlingshöh" kennt heute kaum noch jemand: Im Bereich der Oberen und Unteren Schlänke war immer viel los. Es gab „viele, viele Kinder" und reichlich Spatzen – von diesem Trubel hatte das Gebiet seinen Namen. Auch die Volme darf nicht vergessen werden – „Kaum ein Jahr ohne Hochwasser", sagt Theo Rademacher.

Bettina Görlitzer

Info:

Brügge liegt im Volmetal und ist heute der westlichste Stadtteil von Lüdenscheid. Bis zur kommunalen Neugliederung 1969 war Brügge eine Ortschaft in der Gemeinde Lüdenscheid-Land.
Theo Rademacher, Jahrgang 1930, ist ein Brügger Kind. Er wurde in seinem Elternhaus an der Parkstraße geboren, in dem er bis heute lebt. Im Beruf war er Industriekaufmann und KAB-Sozialverbandssekretär, tritt aber auch immer wieder als Autor in Erscheinung. Wichtig sind ihm stets Themen „seines" Stadtteils Brügge und nicht zuletzt der Katholischen Kirchengemeinde St. Paulus.

Hier werben!
STOP

Kunstvolle Würdigungen

84. Folge: Friedhofsspaziergang auf den Spuren bekannter Lüdenscheider Fabrikanten

Der Zahn der Zeit hat zum Teil schon heftig genagt an den Grabsteinen und Skulpturen. Moos hat sich über die eingravierten Namen gelegt in all den Jahren, Schriftzüge sind mitunter nur schwer zu erkennen. Aber nähert man sich den mitunter in großen Grabsteinen eingelassenen Namen ein wenig mehr, dann erkennt man sie und ein Stück Industriegeschichte der Stadt Lüdenscheid tritt ebenfalls hervor. Ein Gang über den evangelischen Friedhof an der Mathildenstraße mit Blick auf die teils kunstvoll gestalteten Grabstätten der Fabrikanten zeigt, wie wichtig es den Angehörigen war, die Leistungen, die die Turcks, Noelles, Hüttemeisters, Assmanns und Selves – um nur einige zu nennen – zum Aufbau der metallverarbeitenden Industrie Lüdenscheids beigetragen haben, gebührend zu würdigen und sie nicht in Vergessenheit geraten zu lassen.

Sicherlich am beeindruckendsten ist das Mausoleum der Familie Selve mit den in Ton gemeißelten Köpfen der Selves, allen voran Gustav Selve, der schon vor dem 1. Weltkrieg einer der herausragendsten Industriellen war und bereits Sozialleistungen für seine Beschäftigten einführte.
1888 wurde er zum Kommerzienrat ernannt. Er starb 1909 und hatte bis dahin den väterlichen Betrieb zu einem großen Konzern ausgedehnt, der weit über die Stadtgrenzen hinausging. Neben dieser jedem Besucher ins Auge fallenden Grabstätte auf dem alten Friedhof zieht die wunderschöne Skulptur der Familie Assmann auf dem neueren Teil an der Dammstraße die Blicke auf sich. Die Herstellung von Knöpfen und Orden war das Markenzeichen der weit verzweigten Familie. Gleich gegenüber ist das Grab der Familie Leopold Kostal. Erst kürzlich feierte das erfolgreiche Familienunternehmen 100. Geburtstag.
An dieser Stelle ist bei weitem nicht genug Platz, alle Firmengeschichten zu erzählen, die Lüdenscheid zwischen der wilhelminischen Epoche bis zur Weimarer Republik geprägt und zur Industriestadt gemacht haben. Aber ein Gang über den Friedhof weckt das Interesse, sich mit den für die Stadt so bedeutenden Familien zu beschäftigen und dem Rundgang über den Friedhof einen Besuch des Stadtarchivs oder der Stadtbücherei folgen zu lassen und sich weitere Informationen über die Zeit einzuholen, als die längst Verstorbenen die Geschichte Lüdenscheids prägten – weit über ihren Tod hinaus.

Martin Messy

FAMILIE GUST. AD. NOELLE

·FAMILIE·
LEOPOLD·KOSTAL

Natur gleich vor der Haustür

85. Folge: Das Wildgehege Mesekendahl besuchen / 110 Tiere

111 DINGE DIE MAN IN Lüdenscheid GETAN HABEN MUSS

Nur wenige Minuten von der Autobahnabfahrt Lüdenscheid-Nord entfernt taucht man im Wildgehege Mesekendahl in eine völlig andere Welt ein. Lärm und Hektik bleiben draußen. Es riecht auch anders, würzig nach Wald und – je nachdem, wie der Wind steht – auch schon nach den Tieren.
Die Eintrittskarte gekauft, ein Faltblatt gibt es gratis dazu, damit man auch weiß, wo denn welche Tiere zu finden sind. Gleich am Anfang des Rundweges hört man sie meckern, die Ziegen. Eine davon heißt Flöckchen. Wenn der Betreiber des Wildgeheges, Karl-Friedrich Trimpop, sie ruft, dann antwortet sie prompt und kommt angerannt. Im Schlepptau befinden sich die anderen Ziegen, die hier leben. Denn es könnte ja sein, dass es Futter gibt oder eine Streicheleinheit oder ein „Gespräch“ von Mensch zu Ziege. Schön sehen die Tiere aus, sehr gepflegt und putzmunter sind sie auch.

Info:

Wildgehege Mesekendahl, Mesekendahl 1, 58579 Schalksmühle;
Öffnungszeiten: mittwochs bis sonntags ganztägig.
Mehr Informationen unter www.wildgehege-mesekendahl.de;
Tel. 0 23 51-57 05 76 oder 5 20 91.

Gleich am Eingang kann man übrigens Futter für die Tiere kaufen. Und diese sind so wild darauf, dass sie dem Besucher, wenn er nicht aufpasst, das Futter gleich mit der Tüte aus der Hand mausen. So eine Ziegenzunge ist ein wenig klebrig auf der Hand, aber nicht unangenehm.
Weiter geht es zum Schwarz-, Rot- und Damwild. „Die männlichen Tiere sondern sich immer ab, das ist deren Machtgehabe“, sagt Karl-Friedrich Trimpop, der seine Erklärungen gern mit locker-flockigen Kommentaren würzt. „Das ist wie bei den Griechen. Während sich die Mädels um den Nachwuchs kümmern, treffen sich die Männer zu einem Plausch im Café.“ Was die Tiere dann aber wieder eint, ist ihre Vorliebe für Möhren oder Mais. Und diese hat der ehemalige Fallschirmjäger und Chef bei sich. Kaum geht die Tür zum Gehege auf, sind die Tiere auch schon da. Fast vorsichtig nimmt das Wild die Möhren aus der Hand. Weiter geht es beim Spaziergang dann ein wenig bergauf zu den Waschbären, dem Steppenrind und den zwei imposanten Wisenten. Von den Waschbären ist gerade nicht viel zu sehen. Sie schlafen ganz oben unter dem Dach ihrer Behausung.
Vorbei an den lautstarken drei Eseln geht es zu den Frettchen, die fast ruhelos in ihrem Käfig herumtollen, und zu den vielen Wildschweinen mit ihren Jungen.
„Was 1965 mit drei Hirschen begann, hat sich zu einem lohnenden Ausflugsziel mit etwa 110 Tieren verschiedener Arten entwickelt“, erklärt der Inhaber des Wildgeheges. „Und diese leben hier stressfrei, haben eine Menge Platz.“ Auf 50 000 Quadratmetern können sie sich nämlich frei bewegen.
Der Rundwanderweg lässt sich gut laufen. „Wenn man schnell ist, schafft man den in einer halben Stunde“, weiß Trimpop. Wer mag, kann hier auch Feiern veranstalten, Kinder bei Geburtstagen auf Schatzsuche gehen lassen.

Monika-Marie Finke

„'n lecker Pilsken dabei“

86. Folge: Einen ausgedehnten Rundgang über das Stadtfest unternehmen

Neben all den Feiern, Feten, Partys, Picknicks oder Sausen oder Firmenläufen oder wie sonst die Lüdenscheider ihre oft feuchtfröhlichen Zusammenkünfte zu nennen pflegen – neben all dem steht schlicht das Ereignis ganz oben auf der Liste vieler Menschen in der Kreisstadt: das Lüdenscheider Stadtfest. Massenspektakel, Flaniermöglichkeit, Kollegen-, Ehemaligen-, Kameraden- oder Cliquen-Treff, Fest von Bürgern für Bürger, Nabel- und Leistungsschau für heimische Vereine, kurzum: Hort lokaler Identität und sicht- und fühlbares Zeichen fröhlicher Zusammengehörigkeit.
Seit 1976 richtet der Geschichts- und Heimatverein das Fest mit Unterstützung der Stadt aus. Seither hat sich immer wieder vieles geändert an dem „Getöse“, wie man in Lüdenscheid auch sagt. Innerstädtische Baustellen erzwangen Verkleinerungen und Umzüge, einmal sogar zum Sauerfeld, mitten auf die Hauptverkehrsader, dann wieder zurück ins neugestaltete Rathausumfeld.
Aber der Sinn und die Ausprägung sind geblieben und stehen wie Säulen: Ehrenamtlichkeit, kulturelle und kulinarische Vielfalt, Sehen und Gesehenwerden – und „'n lecker Pilsken dabei“.
Der Rundgang beginnt samstags schon vor dem traditionellen Jagdhornsignal und den warmen Worten des Bürgermeisters zur offiziellen Eröffnung – und er endet meist noch nicht, wenn die Verantwortlichen den Vereinen an den rund 100 Ständen den Strom abdrehen und die Zapfhähne sperren. Dann nämlich bekommen die Gastwirte reichlich zu tun und freuen sich über die gute Kondition der Lüdenscheider.
Und sonntags glühen wieder die Grills und Öfen. Souflaki, „Würstkes“, Brügger Brutzelfleisch, Sardinen, Pizza, Steaks oder Döner-Kebap – wenn die Stadtfestbesucher ihre erste Runde über den größten Flohmarkt des Sauerlandes in der Fußgängerzone bewältigt haben, stellt der Hunger das kleinste Problem dar.
Das für Auswärtige erstaunliche Phänomen ist sicherlich die Tatsache, dass das Stadtfest-Wetter eigentlich keine Rolle spielt. Auch im strömenden Regen war der Rathausplatz schon voll. Aber zugegeben: Nach einem Nachmittag und einem Abend und einer Nacht unter Schirmen, Zelten und Plastikplanen packt der eine oder andere Trödler seine Siebensachen nass und entnervt mitunter schon vor dem geplanten Ende ein.
Wer Lüdenscheid kennen will, muss unbedingt das Stadtfest kennen!

Olaf Moos

COMMERZBANK
Original Schwenkgrill

STADT
FEST
PARTY

Eine reizvolle Geschichte

87. Folge: Bei einem Skatturnier mitmachen / „18, 20 … nur nicht passen“

Heute mag das kaum noch einer glauben, aber von 1965 bis 1972 gab’s eine Serie im Fernsehen, in der drei Männer an einem schmucklosen Tisch saßen und Skat spielten. 25 Minuten dauerte jede Folge.
Die Kamera verfolgte die Spiele. „18, 20 – nur nicht passen“, hieß die Sendung. Heute wäre so etwas undenkbar, aber Skat wird immer noch ausgiebig gespielt, auch wenn sich Vereine und Clubs inzwischen Sorgen um den Nachwuchs machen.
Ein Samstagnachmittag, 14 Uhr in der Timbergstube in Wettringhof: Zehn Skat-Fans haben sich zum Preisskat der Skatfreunde Lüdenscheid eingefunden. Gespielt wird nach den Regeln des Deutschen Skatverbandes (DSKV), in zwei Serien – am Dreiertisch 36 und am Vierertisch 48 Spiele. Das bedeutet, nur von einer kurzen Pause unterbrochen, fünf Stunden konzentriertes Kartenspielen.
Das Motto der damaligen Fernsehserie „18, 20 – nur nicht passen“ sollten Turnierspieler allerdings besser nicht beherzigen. Denn am Tisch sitzen nur erfahrene Spieler, wie zum Beispiel der derzeitige Vorsitzende Dieter Schüller und Sprecher Karlheinz („Kalle“) Gall. Nur nicht passen und einfach mal drauflos reizen – das wird bitter bestraft. Denn die beiden haben die Blätter der Mitspieler oder Gegner – je nachdem, ob sie passen mussten oder selbst das Spiel machen – immer im Kopf. Das ist das Geheimnis des Skatspielens – das genaue Verfolgen der Farben, das Speichern der Spielzüge, das Fortführen der angedeuteten Strategien.
Deshalb kommen, wenn das Spiel vorbei ist, nicht selten kurze und knackige Analysen wie diese vor: „Wenn Du mir Herz eher gezeigt hättest, hätten wir gewonnen“, oder: „Du musstest den König halten. Den hätten wir noch nach Hause bekommen. Dann wäre das Spiel auf der Naht geplatzt und wir hätten 60 Augen gehabt“. oder: „Warum hast Du nicht weiter Kreuz gespielt, dann hätte er stechen müssen.“ Ja, „hätte“, „wäre“, „wenn“ – war aber nicht. Dennoch macht auch das kurze Diskutieren danach das Skatspielen eben gerade zu der reizvollen Geschichte, die diesen Denksport prägt. Mancher mag müde darüber lächeln, Skat mit Sport in Verbindung zu bringen. Doch wer ein fünfstündiges oder gar längeres Turnier konzentriert gespielt hat, dem raucht schon der Kopf ob der immer wieder neuen Konstellationen und Herausforderungen.
Der Verfasser dieser Zeilen, schon seit gut drei Jahrzehnten im Freundeskreis aktiv, wird an diesem Tag in der Timbergstube Dritter, was die Profis mit einem anerkennenden Kopfnicken quittieren.
Vor vielen Jahren aber war’s bei einem anderen Turnier auch schon mal der letzte Platz.
Womit wir beim Glück sind: Das gehört nämlich auch dazu.
In diesem Sinne – gutes Spiel!

Martin Messy

Info:

Nicht nur die Skatfreunde Lüdenscheid, die dienstags ab 19 Uhr zu Trainingsabenden in die Timbergstube einladen (Infos bei Dieter Schüller, Tel. 7 96 20, oder Karlheinz Gall, 4 32 04 20) veranstalten Skatturniere. Auch andere Vereine oder Clubs laden dazu ein. Die Termine werden in den LN bekanntgegeben.

TRINK
WASSER

Schwitzen und Schwatzen

88. Folge: Einige Stunden im Saunadorf am Nattenberg verbringen

111 DINGE DIE MAN IN Lüdenscheid GETAN HABEN MUSS

Im Saunadorf am Nattenberg zählt nur eines: Entspannung. Nach der obligatorischen Dusche betritt der Besucher eine wunderschöne Saunalandschaft. Diese präsentiert sich auf 12000 Quadratmetern. Dort gibt es urige Saunahäuser aus Kiefernstämmen, die umgeben sind von Wiesen und Bäumen. Das Wasser einer Fontäne plätschert. Ein Außenpool lädt zum Schwimmen ein, Liegen zum Relaxen. Bevor es jedoch soweit ist, wird erst einmal ordentlich geschwitzt. Die Entscheidung, wo, kann schwerfallen. Dampfbad, klassische Saunen oder Erdsauna? In den Bio-Saunen ist es still, da wird um Ruhe gebeten, während man in den anderen Saunen ruhig schwatzen darf. So richtig ins Schwitzen kommt man jedoch bei den Aufgüssen. Neben Hitzeschwaden gibt es lockere Sprüche, Showeinlagen und auch mal Musik von Saunameister Carsten. Mit Fahne oder Handtuch wedelt er die gut riechende Hitze durch den Raum. Die Gäste fühlen sich sichtbar und hörbar wohl. Mancher kühlt sich mit einem Ball aus Eis schon vorher ein wenig ab, bevor sich die Tür wieder öffnet. Dann heißt es: „Her mit dem Salz oder dem Honig!“. Das Ganze wird auf die Haut appliziert. Besonders kontaktfördernd ist es, wenn der eine Besucher dem anderen den Rücken einreibt.

Dann geht's wieder hinein zur Runde Nummer Zwei. Über den heißen Steinen steigt Dampf auf, und es riecht mal wieder gut. Der Saunameister gibt sein Bestes. Die Gäste ächzen genussvoll. Wenn der Aufguss dann vorbei ist, sagen die einen „schade“, andere „endlich“. Mit dampfenden Körpern geht's ab unters kalte Wasser. „Die Wärme tut einfach nur gut“, sagt Gast Wilhelm-Karl Dahlhaus. Er kommt einmal in der Woche zum Kurzurlauben. „Das ist so herrlich zum Seele baumeln lassen. So frei von allen Hüllen. Wo kann man das sonst schon?“

Sauna tut einfach nur gut. Dabei ist es egal, ob es Sommer oder Winter ist. Die Sonne genießen, in der Anlage oder dem Ruheraum abschalten, sich mit einem Getränk ins Kaminzimmer zurückziehen oder die erstklassige Gastronomie besuchen – das Saunadorf bietet seinen Gästen binnen weniger Stunden eine breite Wohlfühlpalette an. Montags sind übrigens die Frauen unter sich, an den restlichen Tagen ist es wunderbar gemischt. Mit dem „Gute-Nacht-Aufguss“ endet jeder Tag der Entspannung. Es ist dunkel, die Lichter werden heruntergedimmt und dann kann für zehn Minuten noch ein letztes Mal ein Aufguss genossen werden. Danach geht's ab nach Hause, herrlich müde und wohlig entspannt.

Monika-Marie Finke

Info:

An 361 Tagen im Jahr ist das Team des Saunadorfes Nattenberg für seine Gäste da. Lediglich Heiligabend, am 1. Weihnachtstag sowie Silvester und Neujahr ist geschlossen. Sonst gehen täglich ab 14 Uhr die Türen auf, um 23 Uhr schließt das Dorf. Nähere Informationen unter www.saunadorf.de oder Saunadorf Am Nattenberg 2, 58515 Lüdenscheid, Tel. 02351/157499, Telefax 02351/157498, E-Mail: info@saunadorf.de.

Zufriedene Kneipengänger

89. Folge: Eine Club-Tour in der Lüdenscheider Altstadt unternehmen

Wo fängt man eine kleine Tour durch die Clubs der Altstadt an? Abends auf einem gemütlichen Sofa – eines, worauf man seine Sonntage verbringen möchte. Die Art von Sofa, die heute gar nicht mehr hergestellt wird. Ein Sofa eben, das der ruhigen und entspannten Atmosphäre des Clubs Lönneberga gerecht wird.
Das Lokal im Hause Hochstraße 10 ist auf dem ersten Blick eine kleine Kneipe. Doch überzeugt es mit einer urigen Einrichtung, welche einfach nur Charme hat. Die Musik ist sehr abwechslungsreich und gerade deswegen immer passend zur Stimmung. Das Personal ist durchweg freundlich und gut gelaunt, und an der Fairness der Getränkepreise gibt es nicht zu rütteln. Durch die großen Fenster kann man abends das Treiben und Wandern der Partygänger beobachten und dabei ruhig sitzen bleiben. Kein Wunder, dass die Zeit so schnell vergeht und man fast verpasst, zum nächstem Lokal zu schlendern.

Weiter geht es zur Bodega, der Cocktailbar und Lounge an der Grabenstraße. Ein durchaus trendiger Laden, mit größeren Sofas als im Lönneberga, welche aber nicht an deren Gemütlichkeit herankommen. So nett die Kellnerin, die unsere erste Getränkebestellung entgegennimmt, auch anzusehen ist, kann dies ihre etwas ruppige Art nicht wettmachen.
Der große Pluspunkt dieses Halts aber ist das vorzügliche spanische Essen. Aber auch die leckeren Cocktails, die stilvolle Einrichtung und der unerreicht freundliche junge Kellner, der uns den Rest des Abends bekellnert, machen Spaß.
Das Bodega macht mit seinen Longdrinks und Cocktails Lust auf mehr. Die nächste Station heißt also Galerie Bar Mediterane – eine Cocktailbar am Graf-Engelbert-Platz. Auch nach so langer Zeit ihres Bestehens ist diese Bar dermaßen beliebt, dass man zu später Stunde nur draußen einen Platz findet. Was kein Problem darstellt, da man von den durchweg netten Kellnerinnen, die oft einen Witz auf den Lippen haben, zu seinem Schmusebär-Cocktail auch gerne eine warme Wolldecke bekommt. Da durch die Zusammenarbeit mit der Pizzeria nebenan für Speisen gesorgt wird, muss man auch hier nicht hungern.
Das Ergebnis: Der Abend endet in einer Nacht – und acht Kneipengänger sind zufrieden.

Thomas Köhler

San Miguel
San Miguel

Cuba Libre
5,00€

sausebrause.

Bügeleisen im puren Chaos

90. Folge: Beim größten Flohmarkt des Sauerlandes einen Stand aufbauen

111 DINGE die man in Lüdenscheid getan haben muss

Es ist noch stockfinster, als es am Sonntagmorgen schon gegen 5 Uhr losgeht. Allerhand Kisten werden neben dem Tapeziertisch im Auto verstaut. Klappstühle dürfen ebenso wenig fehlen wie die Thermoskanne mit heißem Kaffee, um die nächsten Stunden zu überstehen.

Das Ziel ist der Stadtfestflohmarkt, der sich durch einen großen Teil der Innenstadt erstreckt. Zahlreiche Menschen bauen schon vor Sonnenaufgang ihre Waren auf mitgebrachten Tischen auf. Auf den ersten Blick herrscht pures Chaos: Anders als sonst wimmelt es von Autos in der Fußgängerzone. Während die Einen noch ein freies Plätzchen für ihren Stand suchen, haben Andere ihr Angebot bereits auf den Tischen vor sich platziert. Zahlreiche Ordner sorgen dafür, dass alles mit rechten Dingen zugeht. Sie weisen den richtigen Weg und ermahnen diejenigen, die mit ihren Autos die Durchfahrt blockieren.

Info:

Der Trödelmarkt findet immer sonntags von 11 bis 20 Uhr im Rahmen des Stadtfests statt und wird von Günter Isemeyer und Arno Seltmann organisiert.

Bald schon steht der Tapeziertisch. Schönes, mehr oder weniger Nützliches oder einfach Skurriles findet seinen Weg darauf und hoffentlich bald einen Käufer. Unser Trödel wurde von Mitarbeitern der Lüdenscheider Nachrichten zusammengetragen und soll jetzt zugunsten des gemeinnützigen Vereins Glücksbringer an den Mann gebracht werden. In großen Kisten verbergen sich Bücher vom hochwertigen Bildband bis zum Ratgeber „Wie werde ich Unternehmer?" im Taschenformat. Weihnachtsdekoration findet ihren Platz neben kleinen Puppen und der noch nie verwendeten Computermaus.

Schon bald stellt sich heraus: Einen Stand auf dem Flohmarkt zu haben ist Kommunikation pur. So mancher, der an diesem Tag das Angebot sichtet, ist wohl weniger auf ein Schnäppchen als vielmehr auf einen kleinen Plausch aus.

Obwohl der gesamte Erlös für den guten Zweck gedacht ist: Knallhartes Handeln gehört für viele Besucher trotzdem dazu. Aber anders als bei den benachbarten Ständen ist so mancher auch bereit, etwas mehr zu geben. Nach dem Start in totaler Dunkelheit geht bereits kurz nach dem Aufbau die Sonne auf. Allerdings hält sich das Wetter nur bis mittags. Immer mehr Wolken ziehen auf, schließlich prasseln die ersten schweren Tropfen auf den Trödel und auch auf unsere Köpfe. Obwohl Plastikplanen und Regenjacken schnell bei der Hand sind, dauert es nicht lange, bis alles durchnässt ist. Ein kräftiger Wind tut sein übriges, um den Schaden an Büchern, Figuren und anderem Kram noch zu vergrößern. Da auch immer weniger Kunden den Weg in die Innenstadt finden, wird alles wieder in die mittlerweile völlig durchweichten Kartons gepackt und ins Auto verladen. Auch andere Stände werden abgebaut. Viele trotzen aber dem Wetter, blicken unter ihrer Kapuze in den den strömenden Regen und warten weiter geduldig auf den Nächsten, der sich für ihren Trödel interessiert.

Andrea Mackenbruck

APOLLO
TOP GUN

Kunstschmied mit viel Humor

91. Folge: Auf den Spuren des Kunstschmieds K.T. Neumann durch die City streifen

Im Sommer 2009 baten die LN ihre Leser um Mitteilung, wer in Lüdenscheid noch ein echtes K.T.-Neumann-Werk besitzt. Die Resonanz war beeindruckend, und es wurde deutlich, wie umfangreich die Spuren des Kunstschmieds in den Wohnungen und Gärten der Lüdenscheider sind: Treppengeländer, Fenstergitter, Skulpturen, Wandreliefs und vor allem fabelhafte Tiere schmiedete Neumann für die Freunde seiner Kunst. Nicht anders steht es um seine Werke im öffentlichen Raum. Das herausstechendste von ihnen ist der Brunnen auf dem Graf-Engelbert-Platz, der auf seinen Reliefs die Geschichte des Stadtgründers erzählt. Munter plätschert das Wasser aus den Mäulern der vier gezähmten eisernen Ungeheuer.

Info:

Geboren wurde K.T. Neumann am 15. Mai 1919 in Jarotschin, Kreis Posen. Zusammen mit den Eltern zog er kurz darauf nach Goldberg in Schlesien. Angeregt durch kunsthandwerkliche Arbeiten in der Schlosserwerkstatt seines Vaters, machte Neumann eine Schlosserlehre und studierte von 1936 bis 1939 an der „Schule für angewandte Kunst" in Breslau.
Am 30. Juli 1945 kam K.T. Neumann nach Lüdenscheid. Die Stadt verlieh ihm 2010 ihre Ehrenplakette. Neumann starb am 3. Juni 2012 in Berlin.

Sehr präsent ist K.T. Neumann in der Innenstadt auch mit seinen prächtigen schmiedeeisernen Gewerbebildern. Die Gaststätte „Der Kleine Prinz" wirbt an der Luisenstraße mit einer Darstellung von Saint-Exupérys Figur über der Tür – Motive des Buches umrahmen sie. Die goldene Brezel an der Gaststätte Schwejk stammt noch aus der Zeit der einstigen Bäckerei Strunck. Sie wirkt wie das i-Tüpfelchen in einer Altstadt-Umgebung, die mit ihren engen Gassen und der Bebauung rund um die Erlöserkirche noch am ehesten die romantischen Wünsche von Besuchern zu erfüllen vermag.
Ebenfalls aus dem goldenen Zeitalter der kleinen Einzelhändler stammt das schmiedeeiserne Schild der Fleischerei Feckter (Luisenstraße). Die Szene zeigt Neumanns augenzwinkernden Humor, auch wenn die Szenerie für Tierfreunde tragisch wirken mag: Ein Metzger hält ein Schwein an seinem Ringelschwanz fest; die Instrumente darunter machen deutlich, dass es sich hier um einen Kampf auf Leben und Tod handelt: Beil und Messer drohen dem armen Borstenvieh.
An prominenter Stelle und nicht weit von Waldemar Wiens „Onkel Willi" wirbt eine ebenfalls sehr vergnügliche Darstellung der Wirtin Hulda Brüninghaus für das Haus Hulda am Sternplatz. Äußerst resolut wirkt die Dame, die K.T. Neumann mit einem Weinglas auf dem Tablett auf den Gast zuschreiten lässt: zackig, hochhackig und formvollendet. Zu ihren Füßen findet der aufmerksame Betrachter drei kleine Initialen, mit denen der Künstler an sich selbst erinnert: KTN.
Immer scheint in diesen Schildern und Gestalten der Hauch eines heimeligen Lüdenscheids auf, in dem Händler und Gastwirte noch genügend Zeit fanden, mit ihren Kunden zu plaudern.

Thomas Krumm

Träume im Mini-Format

92. Folge: Die Siku-/Wiking-Modellwerlt besuchen

Manche der 111 Dinge, die man in Lüdenscheid getan haben muss, hätte man auch schon vor 111 Jahren tun können – dies nicht: Ein Besuch der Siku-/Wiking-Modellwelt an der Schlittenbacher Straße ist erst seit ihrer Eröffnung im Juni 2012 möglich. Seither begeisterten die Mini-Mobile schon zahlreiche Besucher, ob jung oder junggeblieben.
Dabei kommen einige der ausgestellten Veteranen den 111 Jahren schon recht nahe, die ältesten stehen seit 90 Jahren auf ihren vier Rädern.
Die jüngsten geben sich damit indes nicht zufrieden; sie lassen sich funk- und ferngesteuert bewegen, in eigens dafür aufgebauten Landschaften können Besucher einen Baustellenbetrieb simulieren oder Rennen ausfahren.
Geschäftsführerin Britta Sieper und ihr Vater und Seniorchef Volker Sieper kamen mit der Einrichtung des Museums in einem Lagergebäude auf dem Siku-Firmengelände einem tausendfach gehegten Wunsch nach. Viele Sammler sehnten sich schon lange nach dieser Pilgerstätte, berichteten die Siepers zur Eröffnung. Und es gab neben all den idealistischen Gründen auch einen praktischen. Denn die vielfach nachgefragten Führungen durch den laufenden Betrieb des „weltgrößten Automobilherstellers“ waren immer schwieriger zu organisieren.
Neue Automodelle müssen nun mal geheim gehalten werden, und die Lüdenscheider Modellbauer zählen naturgemäß zu den ersten, die sie zu Gesicht bekommen. Während Fotografen in aller Welt noch Jagd auf gut getarnte „Erlkönige“ machen, werden die Autos im Mini-Format bei Siku schon formvollendet und detailgetreu gebaut. Und das dürfen Besucher nicht vor der Zeit sehen.
Dank der neuen Modellwelt ist all das kein Problem mehr. Sie präsentiert auf zwei Etagen 3500 neue wie historische Fahrzeuge aus Metall und Kunststoff, dazu einen alten Graveursarbeitsplatz, Unternehmensgeschichte(n) und vieles mehr. Ein Museumsshop ist ebenso vorhanden wie ein kleines Café.
Im Erdgeschoss ist die Entwicklung von Wiking-Modellbau nachgezeichnet – der Marke, die seit 1948 besteht und seit 1984 zur Sieper-Gruppe gehört. Im Obergeschoss dreht sich alles um die Siku-Autos. Ein Höhepunkt der Ausstellung ist die umfangreiche Verkehrsmodellserie, mit der die Siku-Erfolgsgeschichte im Automodellbau einst begann.

Thomas Hagemann

Info:

Siku- und Wiking-Modellwelt, Schlittenbacher Straße 56a,
58511 Lüdenscheid, Tel. 02351/876212,
E-Mail: mail@modellwelt-luedenscheid.de.
Preise: Erwachsene 5 Euro, Kinder bis 14 Jahre 3 Euro, unter 3 Jahren frei.
Familien 14 Euro. Öffnung: Mittwoch bis Freitag 14-18 Uhr,
Samstag und Sonntag 11-18 Uhr. Montag und Dienstag geschlossen.

Ausklang der Open-air-Saison

93. Folge: Das Gemeindefest von St. Joseph und Medardus mitfeiern

Wenn auf dem Kirchplatz Spanferkel über dem Grill brutzeln, gleich daneben eine Menschenschlange für Pommes Frites ansteht und in deren Rücken ein Blech nach dem anderen mit frischer Pizza aus dem Ofen kommt – dann ist Gemeindefest in St. Joseph und Medardus.
Das dritte Septemberwochenende hat die Gemeinde für ihr Fest rund um die Kirche am Sauerfeld reserviert, und das schon seit Jahrzehnten.
Der Samstagabend gehört dabei traditionell den Partygängern.
Nach der Abendmesse in der Kirche öffnen die Stände, an denen die verschiedenen Gemeindegruppen ihre Spezialitäten anbieten.
Die italienische Gemeinde ist für die Pizza zuständig, die Kroaten für das Spanferkel. Bei den Deutschen gibt es die Pommes Frites, und im Gemeindesaal wird dazu noch eine kaltes Büfett aufgebaut. Neben dem Bierwagen gehört auch die Weinstube fest ins Programm.

Info:

Zum ersten Mal gefeiert hat die Pfarrgemeinde 1962. Die Neustrukturierung der Pfarreien im Bistum Essen 2006 hat an der Feierlaune nichts geändert – jetzt heißt es eben nicht mehr Pfarrfest sondern Gemeindefest.

Mit Live-Musik im Saal und einem DJ, der den Kirchplatz beschallt, ist der Rahmen für das große „Hallo“ perfekt. Denn das Gemeindefest ist im Lauf der Jahre ein richtiges Stadtteilfest geworden, bei dem sich aktuelle und ehemalige Nachbarn und Freunde treffen beziehungsweise wiedersehen.
Der Sonntag wird am Sauerfeld zum Familientag, der gleichzeitig die Vielfalt der Gemeinde widerspiegelt. Für Kinder wird eine Spielwiese aufgebaut. Dazu gibt es an den einzelnen Ständen Gelegenheit zum Stöbern. Auch die Pfadfinder sind dabei. Trödel- und Bücherflohmarkttische runden das Bild ab - ganz zu schweigen von rund 90 Kuchen und Torten, die Gemeindemitglieder fürs Kuchenbüfett spenden. Rund 130 Helfer aus allen Gruppen der Gemeinde sind an den Festtagen aktiv.
Stammgäste kennen die Entwicklung des Festes. Im Lauf von fünf Jahrzehnten wurde das Angebot vielfältiger und immer wieder an neue Trends angepasst, die Ausstattung, beispielsweise der Frittenbude, immer professioneller. Manches ist auch weggefallen – wie der Schießstand, den Angehörige der belgischen Garnison früher betrieben. Aber eins ist immer gleich: am dritten Septemberwochenende treffen sich rund um die Kirche viele Menschen. Jeder kommt mit jedem ins Gespräch. Ein schöner Ausklang für die Open-Air-Saison in Lüdenscheid, kaum ein Fest in Lüdenscheid liegt später im Jahr.

Bettina Görlitzer

Immer noch total angesagt

94. Folge: Eine Nacht in der Jugendkneipe „Im Stock" verbringen

Der „Stock", er war schon alles mögliche: gemütliche Pinte, Billard-Salon, Techno-Schuppen, Punker-Treff, Café, Bingo-Halle, Konzertsaal, Flipper-Höhle oder Kleinkunstbühne. Eines war er nie: langweilig!
Seit mehr als 36 Jahren gilt das Lokal an der Knapper Straße 50 trotz einer zunehmend starken Konkurrenz als die Lüdenscheider Jugendkneipe schlechthin. Kein anderer Laden in Lüdenscheid hat eine solch lange Szene-Tradition, kein anderer hat sein Image so ausdauernd über die Jahre gerettet.
Dabei waren die Anfänge bei der legendären Wirtin Marga „Loni" Lonauer noch eher unauffällig: Tische in geordneter Formation, Kristalllämpchen darüber, Tischdecken und Musikbox mit Münzeinwurf – eine Kneipe wie viele andere auch. Aber „Lonis" freundliches Wesen und vielleicht auch die Tatsache, dass ihr Lokal im 1. Stock eines Geschäftshauses im Stadtzentrum lag – daher der Name „Stock" – lockte „junges Volk" an, wie man in Lüdenscheid sagt.
Den Umbruch leiteten 1976 die Gebrüder Mehl ein. „Loni" ging in Rente, Jörg und Kilian übernahmen den „Stock", bauten ihn um und sprachen damit ein wachsendes junges Publikum an. Viele „Karrieren" nahmen hier ihren Anfang, Dortmunder Aktienbräu war erschwinglich und Rauchen erlaubt, Freund- und Liebschaften entstanden und lösten sich auf, Musik kam direkt von der Vinyl-Schallplatte, donnerstags und freitags waren Großkampftage für die Kellner.
Ein weiterer Meilenstein war die Renovierung und Übernahme der alten Druckerei vom Schemm, die fortan und folgerichtig als Teil des „Stocks" den Namen „Alte Druckerei" erhielt und als Veranstaltungssaal diente. Die Bühne erlebte Kabarettisten, Bands und DJs und bekam zeitweise Kultstatus. Die Verbindung zwischen „Stock" und „Druckerei", ein kleines Café mit Frühstück, wurde nach dem Kölner Stadtteil „Bilderstöckchen" benannt.
Und während die Kreisstadt ihr Gesicht änderte, während die Bevölkerungszahl auf mehr als 80 000 kletterte und Jahre darauf wieder um knapp 4000 schrumpfte, der Lüdenscheider Fußball an Bedeutung verlor oder der Firmenlauf geboren wurde – währenddessen blieb der „Stock" in seiner Bedeutung und Adresse eine echte Konstante.
Natürlich war auch diese Kneipe stetem Wandel unterworfen. Aus Pinte wird Club, aus Kneipe Lounge. Sofas, dunkle Farben und basslastige Musik laden zum Rückzug ein. Wer Erfolg haben will, muss „stylish" daherkommen, wie es neudeutsch heißt. Das „Bilderstöckchen" ist Vergangenheit.
Doch auf der Bühne in der Druckerei geht auch unter der Regie des heutigen Wirtes Oliver Straub mitunter heftig Post ab. Und so ist der gute alte „Stock" das, was er seit rund dreieinhalb Jahrzehnten ist: „total angesagt".

Olaf Moos

Ein Muss für Naturliebhaber

95. Folge: Einen Sonnenaufgang an der Versetalsperre genießen

Leise schwappen kleine Wellen ans Ufer – ein schmatzendes Geräusch, das sich gleichmäßig wiederholt. Die beiden großen Banner des Ruhrverbandes mit der Aufschrift „Wissen. Werte. Wasser" knarzen in dem leichten Wind. Vögel jagen sich übermütig von Baum zu Baum und zwitschern aufgeregt dabei. Das Morgengrau geht langsam über in ein zartes Rosa, das kleine Wolken und Kondensstreifen der Flugzeuge hoch oben am blauen Himmel wie ein modernes Kunstwerk wirken lässt.
Der „Künstler" wechselt aber schon schnell wieder die Farbe, hat sich für ein kräftiges Gelb entschieden, das sich allmählich hinter den Wipfeln von Aechtenscheid abzeichnet, sich auf dem Wasser widerspiegelt und auch die Baumkronen am Ende der Hokühler Bucht in ein warmes Licht taucht.

Info:

Die Versetalsperre, kurz „Verse", ist eine Trinkwassertalsperre und hat nach Angaben des Ruhrverbandes eine Wasserfläche von 170 Hektar, eine Länge von rund 2,5 Kilometer und eine unterschiedliche Breite – teilweise bis 500 Meter. Die Wassertiefe beträgt bis zu 52 Meter. Sie zählt neben Bigge, Sorpe und Möhne zu den großen Stauseen des Sauerlandes und erzeugt pro Jahr circa 1,2 Mio. kWh Strom.

Sonnenaufgang an der Versetalsperre an einem Morgen Anfang September, genauer gesagt um 6.58 Uhr: Noch liegt der an vielen Tagen gut belegte Parkplatz an der imposanten Klamer Brücke einsam und verlassen da, während das schöne Bauwerk mit seinen sanften, runden Wölbungen auch immer intensiver von der Sonne in Szene gesetzt wird - ein grandioser Anblick.
Ein leichtes permanentes Rauschen ist von der Autobahn zu hören, und nach und nach schwappt die Geschäftigkeit, die von der Sauerlandlinie nur zu erahnen ist, auch auf die Verseuferstraße über. Manche Menschen sind auf dem Weg zur Arbeit, andere wiederum nutzen das schöne Wetter und die frühe Morgenstunde, um einen Spaziergang zu machen oder sich auch schon sportlich zu betätigen und eine oder zwei Runden zu joggen.
Der Genießer aber reckt, ans Brückengeländer gelehnt, der immer intensiver wärmenden Sonne das Gesicht entgegen, blinzelt manchmal gedankenverloren auf die blendende Wasseroberfläche und freut sich über ein wunderschönes Naturschauspiel. Besser kann ein Tag nicht beginnen und jede Minute, die er dafür früher aufgestanden ist, hat sich gelohnt.
Wiederholungen sind übrigens bei gutem Wetter und auch an kälteren Tagen durchaus angeraten. Immer wieder zaubert die Sonne ein anderes Licht hervor, kommen neue Stimmungen auf, wabern mitunter auch Nebelschwaden über die Wasseroberfläche, die nach und nach verdunsten. Sonnenaufgang an der Versetalsperre – ein Muss für alle Naturliebhaber!

Martin Messy

„Schikanen“ inklusive

96. Folge: Eine Wanderung mit den Naturfreunden unternehmen

111 DINGE DIE MAN IN Lüdenscheid GETAN HABEN MUSS

Der „Neue“ wird gleich mitgenommen, ohne große Worte. Mit der Linie 61 geht’s vom Kulturhaus bis Borbecke, und dort wartet schon Walter Becker, Wanderführer für die heutige Strecke, die sich die Naturfreunde vorgenommen haben. Diesmal gehen die Männer mal für sich, die Frauen wandern parallel auf anderen Wegen, von der Fuelbecke nach Altroggenrahmede. „Da können die mal über uns lästern und wir hier über sie“, sagt einer und lacht.

Bei uns Männern geht’s gleich steil bergauf. Schnell liegt Borbecke unter uns, wir biegen in der Ortschaft Dösseln kurz vor dem Hof von Bauer Crone links ab und schreiten munter und recht zügig hoch Richtung Hölzerne Klinke. Respekt: Alle acht Herren sind in guter Form, was bei einem Alter zwischen rund 60 bis 90 ja nicht unbedingt selbstverständlich ist. „Die Jugendlichen sind bei uns über 60“, schmunzelt Bernd Korte, seit 40 Jahren Vorsitzender der Naturfreunde Lüdenscheid und Bundesfachgruppenleiter für den Bereich Touristik/Camping.

Info:

1895 wurde der Verein Naturfreunde aus einer Arbeiter-Bewegung heraus in Wien gegründet. Ziel war und ist der Schutz von Natur und Umwelt. Die Wanderungen werden regelmäßig in den LN angekündigt.

Wir bleiben kurz stehen und genießen einen herrlichen Blick weit übers Versetal hinaus. Am Horizont ist die Sauerlandlinie zu erkennen, dahinter noch schemenhaft die Worth. „Von jedem Berg bietet sich ein anderes Panorama“, freut sich Edgar Schüssler (82), der kürzlich Geburtstag hatte. Wenn’s mal ein wenig zu anstrengend wird, legt er eine kurze Verschnaufspause ein und weiter geht’s. „Das tut einfach gut“, sagt der erfahrene Wanderer, der vor einigen Jahren noch über 2000 Meter hohe Berge in den Dolomiten erklommen hat.

Der älteste Naturfreund in der Runde ist Alfred Weyer. Der 90-Jährige hat keine Mühe, auch die beiden „Schikanen“, wie sie Wanderführer Walter Becker schmunzelnd nennt – dahinter verbergen sich ein recht steiler Anstieg und ein Abstieg quer zum abfallenden Hang – nur mit Spazierstock ausgerüstet, zu nehmen.

Nach zwei Stunden, in denen wir uns meist querfeldein zwischen der tief unter uns gelegenen Werdohler Landstraße und dem Höhenweg über uns bewegen, kommen wir im Augustenthal an der alten Schule an, überqueren die B 229 und erreichen unser Ziel – das Vereinsheim des TV Augustenthal.

Dort erwartet uns Sozialwart Günter Hessmert mit einer Handvoll weiterer Naturfreunde. „Wir sind die Fußkranken, die zurzeit nicht so fit sind und haben nur hier unten eine kleine Runde gemacht“, begrüßt er erfreut seine Kollegen. Bei Frikadellen, Mettwürstchen, belegten Broten und einem kühlen Getränk klingt die Wanderung aus. Wir haben alles erlebt, was einen Streifzug durch die Natur ausmacht. Noch ist’s sonnig, aber der Wind weht schon erste Blätter von den Bäumen und kündigt den nahenden Herbst an. Aber auch der hat ja bekanntlich seinen Reiz – für die Naturfreunde allemal.

Martin Messy

Lokale Größe, global gezeigt

97. Folge: Lüdenscheid-Souvenirs suchen und stilecht in die Welt schicken

Wonach riecht Heimat? Wie schmeckt Erinnerung?
Was zaubert ein Lächeln aufs Gesicht, wenn der Blick darauf fällt?
Was kombiniert augenzwinkernd Stolz und Vorurteil? Kurz:
Was würde ein Immer-Noch-Lüdenscheider einem Ex-Lüdenscheider zu Weihnachten, zum Geburtstag oder einfach mal so in die Ferne schicken? Auf solche Fragen hält die Bergstadt viele Antworten bereit.
Erdbeermarmelade aus dem Schrebergarten der Eltern, ein Glas mit Herbstluft von der Klamer Brücke, ein gepresstes Wildblümchen von der Homert, ein Fläschchen Volmewasser. Das ist das Eine.
Alles andere kann man kaufen: Zuerst eine geräumige Tasche mit Lüdenscheids größtem Kussmund (alternativ die nachtschwarze FlapBag mit „Stadt des Lichts"-Logo). Die erste Krawatte (mit Stadtstreifen) für den Studenten passt da rein. Der Lichtkugelschreiber für nächtliche Ideen. Der Kaffeebecher in genug Designvarianten für jeden Wochentag. Nützliches und Neckisches eben. Frühstücksbrettchen mit „Lecker-bütterken"-Schriftzug sortieren Puristen natürlich aus, weil's in der Serie Ruhrgebietssprüche läuft. Aufs Sauerland-Monopoly verzichten Lokalpatrioten auch: Das Lüdenscheid-Feld ist weniger wert als das Iserlohner.
Die Lücken lassen sich lecker füllen. Mit frischem Holzofenbrot aus dem Backes, haltbarem Schwarzbrot vom Bäcker nebenan, mit Magenbitter aus der Stammapotheke oder Medardusbräu, mit Nougat-Pflastersteinen oder Kalorienbömbchen samt Wahrzeichen-Zuckerdruck. Oder man packt gleich das Lüdenscheid-Kochbuch ein. Das zerbricht nicht, läuft nicht aus, schmilzt nicht. „Klares" Versewasser, Onkel-Willi-Tee, fairer Lüdenscheid-Kaffee, Sekt mit Stadtsilhouetten-Etikett und „Schnapsnasen" werden gerne persönlich überreicht. Oder von Profis verpackt: Präsentpakete und -körbe schicken heimische Feinkosthändler oft vor Weihnachten in die Welt.
Dorthin, wo Lüdenscheider auch zuhause sind. Dorthin, wo Lüdenscheider Produkte längst zum Alltag gehören – bis hin zum Siku-Auto. Deshalb darf die Stadt selbstbewusst in einem Schriftzug mit Las Vegas und Tokio, mit Kopenhagen und Kapstadt, Sydney und Zürich knallbunt auf Brillenputztüchern, Feuerzeugen oder Handyhüllen ins Auge stechen. Das ist Signal und Sympathiebekundung zugleich. Abseits dieser neudeutsch „City-Products" genannten, geschickt lokalisierten Souvenir-Palette gibt's auch Edles mit Lokalkolorit zu entdecken: Armbanduhren mit Motiv-Zifferblättern aus der Goldschmiede Gabler, der silberne „Bergstädter"-Anhänger von Goldschmied Friedhelm Labza, ein Silberring mit Wahrzeichen auf farbigem Keramikband, eine Idee von Susanne Meister („Chapeau Claque").
Eines aber ist bei der Suche nach bleibenden Erinnerungen unerlässlich: Zeit und Lust zum Stöbern und Entdecken. So lernt auch der Einheimische die Stadt und ihr Angebot mal wieder so richtig kennen. Und schätzen.

Susanne Kornau

DAS LÜDENSCH
KOCHBU
edition limosa
Stadt des Lichts
POST AUS LÜDENSCHEID.
Grüße aus
Lüdenscheid
„Stadt des Lichts"
I
Lüdensch
dubai
denscheid
istanb

Im Stau der Herzlichkeit

98. Folge: Einen Gottesdienst in der Kirchengemeinde Oberrahmede besuchen

111 DINGE DIE MAN IN Lüdenscheid GETAN HABEN MUSS

Der große Zeiger auf der Uhr nähert sich viel zu schnell der Zwölf. Es ist 10 Uhr. Noch ein paar Meter den Berg hinauf. Die Verspätung ist gewiss. Ärgerlich. Dann ein Menschenstau. In Zweier-Reihen stehen sie da im Gang – Jüngere, Ältere. Sie warten auf Einlass in die Kirche im Lüdenscheider Stadtteil Oberrahmede. Es dauert, geht nur langsam voran. Es ist der Moment, in dem der Außenstehende erstmals denkt: Was ist hier los?

Des Rätsels Lösung wartet an der Tür. Hier steht versteckt hinter den größeren Wartenden eine kleine Person. Nicht mehr ganz jung, aber auf jeden Fall jung geblieben. Die Haare sind in der Mitte dunkel und an den Außenseiten wasserstoffblond. Auf der Nase eine Brille, die Extrovertiertheit verrät. In der Nase ein kleines Schmuckteilchen.

Info:

Monika Deitenbeck-Goseberg arbeitet seit 1981 in der Evangelischen Kirchengemeinde Oberrahmede. Sie ist das Gesicht dieser Gemeinde, ein Energiebündel, das viele Dinge angestoßen und auf den Weg gebracht hat. Doch nicht nur hier: 1992 gründete sie den Obdachlosenfreundeskreis und engagiert sich seitdem in der Obdachlosenarbeit. 2003 war sie Mitbegründerin der Internet-Evangelisationsarbeit „gott.net“.

Die Tochter des bekannten Pfarrers Paul Deitenbeck ist seit 33 Jahren mit Volkmar Goseberg verheiratet und hat drei erwachsene Kinder.

Ist das hier Punkrock? Nein, definitiv nicht. Der Körper steckt in einem Talar. Das also ist sie: Gestatten, Monika Deitenbeck-Goseberg.

Jeder einzelne Besucher des Gottesdienstes wird von Deitenbeck-Goseberg begrüßt – fast jeder umarmt, geherzt. Das dauert, denn die Kirche ist voll. Es ist einer dieser Tage, an denen Kirchen da und dort viele freie Plätze bieten. Nicht diese Kirche. Hier ist die Auslastung wie anderswo bei der Christvesper am Heiligen Abend. Was also ist hier los? Was ist das Geheimnis?

Vielleicht, dass sich das gemeine Gemeindeglied der predigenden Urgewalt und Herzlichkeit dieses kleinen Energiebündels Monika Deitenbeck-Goseberg gar nicht entziehen kann. Vielleicht, dass man gerne dorthin geht, wo sich viele treffen und auch nach dem Gottesdienst noch auf einen Kaffee bleiben. Vielleicht aber auch, dass in dieser Kirche einfach vieles stimmt.

Das verstorbene Gemeindeglied und jenes, das heiratet, werden nicht einfach abgekündigt. Zu jedem gibt es eine Geschichte. Da ist zum Beispiel der Mann, der von einer vier Meter hohen Leiter gestürzt ist. Das neueste ärztliche Bulletin hat die Pfarrerin, die ihn besucht hat, bereit.

Der Gottesdienst neigt sich dem Ende zu. Eine letzte Ruhe und Einkehr. Dann steht der Besucher wieder im Menschenstau. Er ahnt schon, was wenig später Gewissheit ist. Diesmal steht die kleine Frau an der Ausgangstür. Wer keinen Kaffee mehr im Gemeinderaum trinkt, sondern nach Hause möchte, wird umarmt, geherzt, verabschiedet. Draußen zeigt die Uhr: 11.40 Uhr. 100 Minuten. Sie haben sich angefühlt wie 50. Alltag in einer nicht ganz alltäglichen Gemeinde.

Thomas Machatzke

Küken-Schlüpfen live erleben

99. Folge: Die Stamm- und Kükenschau in der Brügger Vereinshalle besuchen

Einmal im Jahr verwandelt sich die Brügger Vereinshalle nahezu in einen Bauernhof: Liebevoll dekorierte Sträucher und Osterbäumchen, leuchtende Frühlingsblumen, dazwischen gerade geschlüpfte Küken, Hähne, Hennen und niedliche Jungkaninchen – bei der Stamm- und Kükenschau des Kleintierzuchtvereins Lüdenscheid-Brügge sowie des Geflügelzuchtvereins Viktoria Lüdenscheid beweisen faszinierte Kinder, wie beliebt Kleintiere zum Anfassen und Streicheln bei Jungen und Mädchen sind.

Das Team um Werner Lüsebrink, stellvertretender und Ehrenvorsitzender des Kleintierzuchtvereins, legt sich jedes Mal mächtig ins Zeug, um den Besuchern eine außergewöhnliche Atmosphäre zu bieten – und vor allem den Kindern einen direkten Bezug zur Natur zu vermitteln. „Vielen Jungen und Mädchen ist nicht mehr bewusst, dass Hühner die Eier legen, die wir essen“, sagt Lüsebrink. „Mit unserer Ausstellung wollen wir dazu beitragen, dies zu ändern.“

So verwundert es nicht, dass vor allem die Brutkästen stets besonders umlagert sind. Viele Eltern mit ihren Kindern beobachten fasziniert, wie die Küken mit ihrem Eizahn die harten Schalen aufpicken und sich mühsam den Weg ins Leben bahnen. Natürlich ist es kein Zufall, dass an den beiden Schautagen viele Küken ans Licht der Welt drängen. „Wir können den Zeitpunkt des Schlüpfens steuern“, erklärt Lüsebrink. Viele Tage lang sammeln die Züchter die Hühnereier, um sie drei Wochen vor der Schau in die Brutmaschinen zu legen. Dort werden sie bei 37,8 Grad Celsius warm gehalten. Bereits am achten Tag können die Züchter entdecken, welche Eier befruchtet sind: Beim Durchleuchten müssen kleine Äderchen erkennbar sein sowie ein dunkler Punkt, der sogenannte Hahnenstich. Fehlen diese Merkmale, sind die Eier nicht befruchtet und werden aussortiert. Am 21. Tag schlüpfen die Küken – am Wochenende der Schau. Viele Kinder schauen dann nicht nur interessiert zu, sie nehmen gern auch einmal etwas ältere Küken in die Hände.

Neben den Brutkästen gibt es aber noch eine Menge mehr zu sehen: Die Vereine präsentieren nämlich auch ihre prämierten Hähne mit leuchtendem Gefieder. „Zu einem Stamm gehören ein Hahn und zwei Hennen“, erläutert Lüsebrink, der an beiden Schautagen Fragen beantwortet und Kindern hilft, die Tiere auf dem Arm zu halten. Andere Vereinsmitglieder kümmern sich um die Verpflegung (Lüsebrink: „Viele Leute kommen auch zu uns, weil sie den selbst gebackenen Kuchen so gern essen“) und geben ebenfalls kleinen und großen Besuchern jederzeit Auskünfte.

Dazu gibt es noch viele junge Kaninchen in kleinen Gehegen, die herausgeholt, angefasst und gestreichelt werden dürfen – mit Hilfe von Mama und Papa oder den Züchtern aus den Vereinen. Vor allem Eltern mit Kindern sollten sich den Besuch dieser besonderen Ausstellung nicht entgehen lassen.

Yasmin Alijah

MORE

Seltsam im Nebel zu wandern

100. Folge: Ein Spaziergang über den Waldfriedhof am Piepersloh

Der beste Zeitpunkt für einen Spaziergang über den Waldfriedhof Piepersloh ist definitiv der Herbst. Dann hängen die dichten Nebelschwaden, die es in Lüdenscheid, der Stadt des Regens, so oft gibt, tief in den Bäumen und über den Gräbern. Und neben dieser ganz besonderen Stimmung schafft diese Wetterlage noch etwas Begrüßenswertes. Sie schluckt den Lärm der naheliegenden Autobahn. Denn manchmal hat der Besucher schon den Eindruck, als führe die A 45 direkt durch die Friedhofsanlage. Bei Westwind herrscht aber zum Glück Stille – und genau die suchen die meisten Besucher, die zum Piepersloh kommen. Die parkähnliche Anlage in direkter Nähe des Krematoriums lädt ein zur Einkehr und Innenschau. Und bei Sonnenschein kann der Besucher auch hier den „Indian Summer" im Märkischen Kreis genießen. Der Baumbestand ist abwechslungsreich und gepflegt. Stimmungsvolle Ausblicke auf Täler, Wiesen und Felder der Umgegend gibt es an vielen Stellen darüber hinaus zu erhaschen. Und ganz nebenbei lässt sich beim genauen Betrachten der Gräber vieles über die verschiedenen Formen des Gedenkens und Bestattens erfahren. Kriegsgräber, Erbbestattungsgräber und moderne Baumbestattungen – auf dem Waldfriedhof Piepersloh herrscht ein friedliches und stimmiges Miteinander der Friedhofskulturen. Ein Muss für den Spaziergänger ist ein Besuch des liebevoll gestalteten Kolumbariums im ehemaligen Glockenturm – es bildet ohne Zweifel das Herzstück der gesamten Friedhofsanlage.

Manchmal sorgt der Blick auf die Inschriften der Grabsteine für Verstummen. Welche Schicksale verbergen sich hinter den Namen und Lebensdaten der hier Bestatteten? Und wie gedenken die Familien der Verstorbenen? Auch hier gibt es deutliche Unterschiede. Schlichte Holzkreuze und opulent gestaltete Steine wechseln sich ab. Auf einigen Grabsteinen steht nur ein Vorname – ohne Blick auf die Lebensdaten weiß der Besucher sofort, dass sich hier Eltern von ihrem Kind verabschieden mussten. Die Fragen nach dem Umgang mit Tod und Vergänglichkeit stellen sich auf dem Friedhof immer wieder. Mancher geht mit einem Kloß im Hals zurück zum Ausgang. Und kommt doch immer wieder – weil man sich der besonderen Stimmung und Atmosphäre des Ortes nicht entziehen kann.

Thomas Krumm

Info:

Der Waldfriedhof Piepersloh hat eine Gesamtfläche von circa 58 000 Quadratmetern. Er verfügt über rund 4000 Gräber und hat eine eigene Trauerhalle. Diese kann auf Wunsch für Trauerfeiern reserviert werden. Neben der traditionellen Erdgrabbestattung besteht seit dem Jahr 2006 auch die Möglichkeit einer Baumbestattung. Seit 2005 befindet sich in der direkten Nachbarschaft ein privates Krematorium.

Genuss mit Niveau

101. Folge: An einer Veranstaltung des Havanna-Clubs teilnehmen

Es geht, wie immer, nur um den Genuss. „Wer sich besaufen will, kann einfach in die Kneipe gehen und das erledigen", sagt Marc Tegtmeyer, 2. Vorsitzender des Havanna-Clubs Lüdenscheid. Deshalb achten er und seine Vorstandskollegen auch darauf, dass es zwischendurch beim club-internen Whiskey-Tasting immer etwas zu essen gibt.
In erster Linie saugen die Mitglieder also neues Wissen in sich auf. Hängen dem Experten, der ein ganzes Sortiment an edlen Bränden mitgebracht hat, lernwillig an den Lippen. Was ist der Unterschied zwischen Scotch und Bourbon? Was zeichnet einen Single Malt aus? Wie läuft die Produktion? Was geschieht mit Abfallprodukten? Keine Frage aus der lernwilligen Runde bringt den Fachmann in Verlegenheit. Und zu jeder Marke gibt's noch eine nette Anekdote obendrein.

Info:

Der Havanna-Club Lüdenscheid wurde 2002 gegründet. Der Vorstand formiert sich alle zwei Jahre neu und ist dafür verantwortlich, monatliche Genießer-Abende zu organisieren. 1. Vorsitzender ist aktuell Ingo Scharfe. Mitglied zu werden, das ist nicht nur für Männer möglich, wenngleich derzeit keine Frauen zum Kreis der Mitglieder zählen.

Es sind jährlich elf Veranstaltungen, die der Vorstand organisiert. Die Treffen am ersten Dienstag eines Monats stehen jeweils unter einem Motto. Sie sind für die derzeit 40 Freunde Anlass und Gelegenheit zugleich, sich verwöhnen zu lassen, einen Abend mit Stil und Gehalt zu erleben und die Seele baumeln zu lassen. „Tasting-Events" haben so wenig zwingend mit Alkohol zu tun wie die Mitgliedschaft im Havanna-Club mit dem Zwang, wenigstens einmal im Monat eine fette kubanische Cohiba zu qualmen. Marc Tegtmeyer schmunzelt. „Die Hälfte von uns raucht gar nicht." Und einige mögen keinen Whiskey, andere dies nicht und wieder andere das nicht.
Es gab schon Wein-Tastings oder einen Tequila-Abend, aber auch ein Steak-Tasting in einer heimischen Metzgerei. Dabei gab es Fleisch satt, unterschiedliche Steaks, vom normalen Entrecote bis zum edlen Kobe-Filet für 400 Euro das Kilo. Die Havanna-Männer haben in der Kulturhaus-Küche gemeinsam gekocht und für abends ihre Damen zum Speisen eingeladen, sie haben Fisch und edle Meeresfrüchte in einem Halveraner Restaurant durchgetestet, in der Altstadt feine Cocktails geschlürft und beim Western-Wochenende im Wildgehege Mesekendahl für sich und ihre Gäste Koteletts auf den Grill geworfen.
Locker geht es zwar zu, aber doch immer mit einem dezenten Anspruch an den äußeren Rahmen, gepflegtes Auftreten und hochwertige Erzeugnisse. Und möglichst mit gewählten Umgangsformen. Die kann man zwar nicht direkt schmecken, aber sie sind auch nicht unwichtig, sondern eher imageprägend im Klima des Havanna-Clubs. Und für Marc Tegtmeyer geradezu ein Muss. Der Tanzlehrer ist nebenbei Umgangsformen-Trainer bei der Industrie- und Handelskammer.

Olaf Moos

Rasanz in Reinkultur

102. Folge: Ein Spiel der „Highlander“ anschauen

„Herzlich Willkommen in der IT-Consulting-Arena“, schallt es durch die Sporthalle des Bergstadt-Gymnasiums. Hallensprecher Christian Desens begrüßt die Fans der Highlander Lüdenscheid des LTV 61 an diesem Samstag zum 66. Heimspiel der „Schotten“ in der 1. Inline-Skaterhockeybundesliga. Seit 2007 gehören die Highlander ununterbrochen der höchsten Spielklasse dieser immer noch aufstrebenden, aber mehr und mehr nach professionelleren Bedingungen strebenden Randsportart an.
Sicherlich gehören die heimischen Hockey-Cracks nicht zu den alteingesessenen Mannschaften in dieser Sportart, in der es schon seit 1986 organisierte Spiele gibt. Seit ihrem Durchmarsch aus der Landesliga über die Regionalliga und die 2. Bundesliga bis ins Oberhaus haben sich die Highlander gleichwohl etabliert.
Die Antwort auf die Frage, was diese Sportart, die anfangs von vielen belächelt wurde, so beliebt macht, ist auf den ersten Blick simpel: die Nähe zur Muttersportart Eishockey. Zahlreiche Kufencracks nutz(t)en die eislose Zeit, um sich auf Inline-Skates, den Schuhen mit den vier hintereinander angeordneten Rollen, in Spiellaune zu halten. Spieler wie Deutschlands Eishockey-Aushängeschild Michael Wolf in Lüdenscheid weckten schnell das Interesse einer breiteren Masse, die ihren Vorbildern nun plötzlich näher sein konnte als von der Tribüne eines Eisstadions aus.
Es ist vor allem die Rasanz, die dieser Sportart anhaftet: Auf der 15 bis 30 Meter breiten und 30 bis 60 Meter langen Spielfläche versuchen vier Feldspieler einer Mannschaft, den gegnerischen Torwart der anderen Mannschaft mit einem orange-farbenen, rund 80 Gramm schweren Hartgummi/-plastikball zu überwinden. Da im Gegensatz zum Eishockey hier keine Abseitsregel gilt und begrenzter Körpereinsatz zulässig ist, geht es rauf und runter. Zwei Schiedsrichter greifen bei Regelverstößen ein.
In sechs Altersklassen wird der Sport wettbewerbsmäßig ausgeführt, auch eine Damen-Bundesliga existiert, wenn auch nicht in Lüdenscheid. Hier bemüht man sich nach wie vor redlich, Spieler möglichst aus der Region, zwangsläufig aber auch von weiter außerhalb – sogar bis nach Holland oder Tschechien – zu verpflichten.
Lüdenscheid ist – anders als Iserlohn, Krefeld, Düsseldorf oder Köln – eben keine Eishockey-Hochburg. Dafür macht sich mit den Sauerland Steel Bulls inzwischen ein zweiter Klub aus der Bergstadt auf, in dieser Sportart für Schlagzeilen zu sorgen. Der Aufstieg ist mittlerweile bereits geglückt. Und wer weiß, vielleicht wartet auf die Bergstadt irgendwann einmal sogar ein Lüdenscheider Derby in der obersten Spielklasse des Inline-Skaterhockey-Spielbetriebes. Eishockey-Hochburg hin oder her – die Lüdenscheider Zuschauer würde es sicherlich freuen, wenn es dann eines Samstages durch die Lautsprecher der BGL-Halle schallt: „Herzlich Willkommen zum Derby in der IT-consulting-Arena.“

Tim Viebahn

44
44

4
30

BAUER

18
Schneider
20

Lokomotive als Blickfang

103. Folge: Die Städtischen Museen am Sauerfeld erkunden

Der erste Blick im Museum fällt nach oben: Stolz thront die Tenderlokomotive der einstigen Kreis Altenaer Eisenbahn im gläsernen Mittelteil der Museen am Sauerfeld und begrüßt die Besucher.
Neben der Lok, einer hauptsächlich in Lüdenscheid eingesetzten Jung-C-Tenderlokomotive aus dem Jahr 1930, ist der von ihr „gezogene" Personenwagen ein beliebtes Ziel von Kindern und Eltern, die hier wohl weniger an den Ruß und die dicken Qualmwolken während der langen Dampflok-Ära im Rahmedetal denken. Zwei Güterwagen weiter findet der Besucher Drahtrollen auf einem Flachwagen. Sie sind der erste Vorbote dessen, was das Hauptthema dieser heimatgeschichtlichen Ausstellung ist: die größeren und kleineren „Fabriksken", ihre eher ungewöhnlichen, aber immer sehr handfesten Produkte und am Rande das, was in einem Museum am schwierigsten zu greifen ist – die Menschen, die in diesen Betrieben arbeiteten.
Präsent sind ihre handwerklichen Fähigkeiten in ihren Werkzeugen und Arbeitsplätzen: Der Tisch und die Arbeitsmittel eines Graveurs wurden zum Mittelpunkt jener Ausstellung, die dokumentierte, wie im Werk des Graveurs Wilhelm Jüngermann aus hochspezialisiertem Handwerk Kunst wurde. Neben dem Saal mit einem Graveur-Arbeitstisch und dem Portrait eines Graveurs bei der Arbeit von Heinz Wever befindet sich einer der schönsten Räume der Sammlung mit Medaillen, von denen die meisten von Wilhelm Jüngermann stammen. Wer hier fündig werden will, muss genauer hinschauen und manchmal sogar in die Knie gehen.
Der Besucher wird belohnt mit Blicken auf Politiker, Geistesgrößen der deutschen Kultur, aber auch lokale Prominente, deren Portraits Jüngermann in Metall gravierte. Klein in der Ausstellung sind nicht nur diese Plaketten, sondern auch jene Objekte, die durch den Sammeleifer von Museumsgründer Dr. Walter Hostert in Fülle vorhanden sind: Knöpfe und Uniformknöpfe, Orden und Abzeichen aus Lüdenscheider Produktion. Wer die unterschiedlichen Bundesverdienstkreuze von Steinhauer und Lück einmal ganz aus der Nähe betrachten will, wird hier ebenfalls fündig.
„Queen Mom für Arme", nennt Museumsmitarbeiterin Michaela Ernst die preiswerten Britannia-Silber-Service, die Gerhardi und Hueck als „Silber des kleinen Mannes" in großen Stückzahlen produzierten.
Die drei Prunkstücke der Sammlung im Jugendstil – eine Deckelkanne, eine Blumenvase und eine Fruchtschale – blieben allerdings Ladenhüter.
Weniger glänzend, aber dafür vom Deutschen Museum in München umso begehrter, ist ein Wrack, das ebenfalls die Eingangshalle des Museums ziert: Commerzienrat Carl Berg baute einst für den Ungarn David Schwarz das erste „Luftschiff des starren Systems", das sich am 3. November 1897 in Berlin Tempelhof immerhin für einige Minuten in der Luft halten konnte, bevor es abstürzte. Am Motor kleben noch geschmolzene Aluminiumreste, die diesen luftfahrthistorisch bedeutenden Moment dokumentieren.

Thomas Krumm

Die düstere Seite der Bergstadt

104. Folge: Einen Lüdenscheid-Krimi schreiben

111 DINGE DIE MAN IN Lüdenscheid GETAN HABEN MUSS

Lüdenscheid ist die Stadt des Lichts. Aber sie hat auch noch eine ganz andere Seite. Eine dunkle, geheimnisvolle, gefährliche. Das geübte Auge eines Krimiautoren sieht die natürlich sofort und auch die anderen Zutaten für einen guten Lüdenscheid-Krimi gibt es hier.
Den renitenten Nachbarn zum Beispiel, der sich aufregt, weil man seine Einfahrt versperrt, mehr als einmal im Sommer den Grill anwirft oder einfach nur mehr Sonne abbekommt. So einen Menschen möchte man doch am liebsten nach Altena schießen oder lieber gleich unter die Erde bugsieren. Zum Thema Wirtschaftskriminalität: Fiese Machenschaften, ein gieriger Griff in die Geschäftskasse oder Ränkeschmieden in den Chefetagen alteingesessener Familienbetriebe lassen sich leicht zusammenfabulieren.

Info:

Neben dem Lüdenscheid-Krimi „Kunst-Fehler" von Maike Förster gibt es noch weitere Krimis, die in der Bergstadt spielen. Zu nennen wären hier unter anderem Alfred Bekkers „Der Killer wartet…", Kurt Wasserfalls „Gewitterliebe", Ulla Schneiders „Tropfen auf den kalten Stein" und „Grüne Wasser sind tief". Für das Krimifestival „Mord am Hellweg" hat Norbert Horst die Erzählung „Lüdenscheider Blutopfer" geschrieben.

Der ganze Plot muss dann mit einer kräftigen Prise Lokalkolorit gewürzt werden. Denn Lüdenscheid gibt in dieser Hinsicht eine Menge her. Allein schon die knurrig-sture Mentalität des Sauerländers – eine Wonne, sich so einen Vertreter als Kriminalkommissar vorzustellen. Oder als Zeuge, der die Ermittlungen mit seiner herrlich eigensinnigen Art und der nicht zu leugnenden Einsilbigkeit immer wieder ins Stocken bringt.
Und dann die Schauplätze! Der unheimliche Tunnel am Sauerfeld, das dunkle und verlassene Forum am Sternplatz, die menschenleere Heedfelder Straße bei Nacht, die Schneckenhaus-Baustelle am Honsel, die gähnend leeren Panzerhallen am Stilleking oder auch lauschige, aber umso einsamere Waldstücke an der Homert und im nur scheinbar friedlichen Othlinghausen.
In Lüdenscheid können Verbrecher untertauchen, ohne dass jemand ihnen nähere Beachtung schenkt. Und dann die Randlage mit einer umso besseren verkehrstechnischen Anbindung ans Ruhrgebiet oder an den noch weiter vom Schuss befindlichen Hochsauerlandkreis: Mit Fluchtwegen, Verfolgungsjagden über die A45 und einem Zwischenstopp an den bunten Wohnwagen der Damen vom horizontalen Gewerbe muss nicht gespart werden.
Die Geschichten liegen auch in der Bergstadt auf der Straße. Und sie aufzunehmen und zu erzählen, macht im besten Falle nicht nur Spaß, sondern führt auch noch zur Veröffentlichung eines eigenen Lokalkrimis. Diese Krimis locken auch in Lüdenscheids Buchhandlungen an exponierter Stelle zum Kauf. Warum also nicht loslegen und schreiben? Sonst tut es noch der Nachbar oder Kollege – und was dem dann aus purem Neid angetan werden könnte? Nicht auszudenken! Oder doch?

Maike Förster

Keine Fahrt ohne Smartphone

105. Folge: Touren mit der MVG zeigen die Unterschiede der Generationen

Kein Rucksack, keine Umhängetasche, keine Turnschuhe und vor allem kein Smartphone – Friedhelm Schulte fällt nicht nur wegen seiner textilen und technischen Ausrüstung in der morgendlichen MVG-Schnellbuslinie 1 auf dem Weg von Lüdenscheid nach Iserlohn aus der Reihe. Der Rentner treibt auch den Altersdurchschnitt in die Höhe. „Ich bin auf dem Weg zu meiner Tochter und den Enkelkindern. Wir gehen nach dem Frühstück ins Schwimmbad“, lacht der rüstige Pensionär und freut sich auf einen unternehmungsreichen Tag.

Von solchem Tatendrang ist bei den übrigen Fahrgästen im fast voll besetzten Gelenkbus gegen 7 Uhr nichts zu hören. Ein paar Azubis sind unterwegs zur Lehrstelle, die Masse stellen Schülerinnen und Schüler auf dem Weg zu den Berufskollegs in Altena und Iserlohn. Vom Start am Sauerfeld über Altena und Nachrodt bis zur Endhaltestelle am Konrad-Adenauer-Ring chauffiert MVG-Fahrer Klaus Lawo das Ungetüm auf drei Achsen in nur 55 Minuten sicher über die Bundesstraße und durch enge Gassen. In seinem Rücken ist es während der gesamten Tour ausgesprochen ruhig. Nur ein paar weibliche Fahrgäste unterhalten sich über ihre Freunde und Klamotten, während die männlichen Mitschüler mit Handy, Ohrstöpseln und meist leerem Blick vor sich hin dösen.

Klaus Lawo, seit 30 Jahren hinterm Steuer, ist mit der S 1 und ihren Fahrgästen ausgesprochen zufrieden. „Hier ist alles ruhig, Probleme gibt es so gut wie keine.“ Das sieht auf anderen Strecken beim täglichen Schülertransport mitunter anders aus. Er, sein Kollege Martin Lange und die anderen Fahrer kennen ihre „Pappenheimer“. Bei der Masse an Personen bleiben Reibungen nicht aus. „Aber mit der Zeit wird man gelassener.“

Wer seine Fahrt in den modernen Bussen – die neuesten werden bereits mit Videokameras vom Fahrer überwacht – genießen will, sollte Schulbeginn und -schluss möglichst meiden. „Von den jungen Leuten bietet keiner mehr den Älteren seinen Platz an“, weiß Busfahrer Martin Lange. Aber nicht nur im Wagen herrscht Gleichgültigkeit, auch auf der Straße nimmt die Zahl der Rücksichtslosen nach den Erfahrungen der MVG-Fahrer ständig zu. „Seit vier, fünf Jahren wächst die Aggressivität. An Haltestellen wird geparkt, Busspuren sind dicht, Vorrangampeln für Busse werden ignoriert und die Regeln der Straßenverkehrsordnung bei eingeschalteter Warnblinkanlage kennen offenbar die Wenigsten.“ Hinzu kommen enge Fahrbahnen, von denen es in der Stadt mehr als genug gibt.

Von solchen Schwierigkeiten bleiben Fahrgäste wie Friedhelm Schulte oder das Ehepaar Halbach aus Werdohl zum Glück verschont. „Das ist schon okay“, beurteilt Karl-Heinz Halbach den Service und beobachtet die Bauarbeiten an der Silbergtrasse bequem aus der erhöhten Sitzposition. Inner- wie außerstädtisch lässt sich per Bus eine Menge sehen und entdecken. Schultes Enkelkinder favorisieren hingegen aus einem besonderen Grund den Gelenkbus. „Die finden den Drehteller in der Mitte so lustig.“

Bernd Eiber

Sauerfeld 2E+2F 12:14
Linie Ziel Steig Abfahrt
41 Eichholz 2F 5 min
41 Eichholz 2F 12:35
51 Am Brutenbei 2E 12:36
52 Rahlenbergs 2F 12:39
Märkischer Kreis
MVG
H
Sauerfeld ZOB
MVG
41 Eichholz
52 Herscheid
252 Wanderbus

MVG
56
lokal - umfassend - aktuell
Unsere LN!
Jeden Tag neu,
jeden Tag gut.

www.luedenscheid.de
41
MVG
MVG

Männer und Motoren

106. Folge: Sonntags am Bikertreffen in Mesekendahl teilnehmen

111 DINGE DIE MAN IN Lüdenscheid GETAN HABEN MUSS

Motorradtreffen sonntags unterhalb des Wildgeheges Mesekendahl vor den nördlichen Toren der Stadt: Was fasziniert die unterschiedlichsten Menschen an diesem Meeting und ist es auch etwas für interessierte Nicht-Motorradfahrer?
Seit einem schönen Spätsommersonntag im September weiß ich: Der Besuch lohnt sich. Was vor rund drei Jahrzehnten zunächst als reiner Gespann-Treffpunkt einer guten Handvoll märkischer Fahrer begann, ist zu einem gigantischen Stelldichein der Marken und Maschinen geworden: Mopeds, Motorräder, Trikes und auch der eine oder andere Oldtimer fahren im steten Wechsel bei gutem Wetter zu Hunderten vor, wenn Kalli Trimpop in Mesekendahl den Ausschank öffnet.
Da mich Freund Horst als passionierter Motorradfan mitnimmt und zwar stilecht, fällt mir der Einstieg leicht. In Mesekendahl wohlgemerkt, nicht aber in den Beiwagen des 33 Jahre alten Moto-Guzzi-Gespanns, denn ich bin – man soll's ja positiv ausdrücken – stattlich. Horst jedenfalls hat Vertrauen in sein „gutes Stück“: „Das muss es aushalten“. Und es hält. Und ermöglicht neben frühherbstlich, herrlich frischen Gerüchen den Panoramablick übers Sauerland aus leicht erhöhter Grasnarben-perspektive und sorgt bei der Ankunft für Skepsis. Schafft er's ohne Dosenöffner wieder hinaus?
Er schafft's und findet schnell Gefallen als Zuhörer bei der einen oder anderen Runde der Profis. Die Motorradfahrer sind freundlich, beantworten gern Fragen zu ihren Maschinen.
„Star“ des Morgens ist ein Oldtimer, der eher jenen Mountainbikes gleicht, die ein ganzer Trupp Sportler auch heute per Muskelkraft über Stock und Stein bewegt, denn einem Motorrad: Gerade einmal 65 ccm hat der Einzylinder-Motor, leistet nicht ganz drei PS. „Bergab 70“, hat Kalla geschafft, der das Leichtgewicht in einer Stunde von Arnsberg in den Lüdenscheider Norden gebracht hat. Von der Optik ein Zwerg mit „Drehschieber-Motor“, vom Namen aber ein echter Riese: Denn die Rote von 1949 ist eine echte Moto Guzzi und diesmal das älteste Stück beim Zweiradtreffen. Die Motorrad-„Gemeinde“ huldigt der „Guzzino“. Die Alterstruktur der Fahrer ist geprägt von der Generation „Ü 40“: „Wer soll sich sonst auch noch die teuren Maschinen leisten können?“, fragt einer der „Grauen-Fraktion“, wie sie sich selbstironisch nennen.
Am schönen Spätsommervormittag halten die Stammgruppen in Mesekendahl lange aus. Da diskutieren und spaßen der Werkzeugmacher mit dem Landschaftsbauer, der Ingenieur mit dem Brummifahrer, der Arzt mit der Ruhrgebiets-Rotlichtgröße und der Metzger mit dem Rentner.
Die Uhr drängt zum Aufbruch: Selbst für den Motorrrad-Laien sind gut zwei Stunden Mesekendahl wie im Flug vergangen. Und das hat seinen Grund: Hier ist sonntagmorgens Entspannung pur angesagt – das macht die Faszination des Treffens in Familienatmosphäre aus. Ich zwänge mich zurück in den Guzzi-Beiwagen, knattere neben Horst den Berg hinauf und weiß: Ich komme wieder.

Jörg Hellwig

ARLEN NESS
ARLEN NESS
MK
06525
MOTO GUZZI

Eingeschworene Fangemeinde

107. Folge: „Drei Haselnüsse für Aschenbrödel“ auf dem Dachboden des Schlosses Neuenhof anschauen

Was gehört zu Weihnachten wie der geschmückte Tannenbaum, üppige Geschenke und gutes Essen? Richtig: der Film-Klassiker „Drei Haselnüsse für Aschenbrödel“. Der 1973 vom tschechischen Regisseur Václav Vorlícek gedrehte Märchenfilm ist längst zu einem echten Kultfilm geworden. Nicht nur Kinder lieben diesen opulent ausgestatteten Streifen, auch Erwachsene sitzen gebannt da und schwelgen in Erinnerungen an die eigene Kinderzeit.
Wer das Staunen und Mitfiebern ganz neu und besonders stimmungsvoll erleben möchte, der sollte in der Vorweihnachtszeit auf dem Dachboden des Schlosses Neuenhof die Vorführung des Märchenfilms nicht versäumen. Die Lüdenscheider Nachrichten richten das Warten-aufs-Fest-Spektakel seit vielen Jahren aus.
Stilechter kann man die anrührende Geschichte um das arme, geschundene, aber zum Glück bildhübsche Aschenbrödel wohl kaum genießen. Die Schlossgebäude – am besten natürlich mit einer Schneedecke überzuckert – sind die ideale Kinokulisse. Das gräfliche Wasserschloss der Familie von dem Bussche-Kessell könnte selbst Drehort gewesen sein und lässt die Märchenstimmung schon beim Eintreffen des Besuchers lebendig werden. Da lässt es sich trefflich mitleiden, wenn das junge Mädchen von Stiefmutter und Stiefschwester Dora malträtiert wird. Die Besucher tun dies mit Wonne, könnten bei Texthängern sogar als Souffleure fungieren. Denn: Aschenbrödel im Schloss Neuenhof hat Tradition und eine große, eingeschworene Fangemeinde in Lüdenscheid.
Aschenbrödel selbst hat dagegen nur ihren Hund Kasperle, ihren Schimmel Nikolaus und die Eule Rosalie zu Freunden. Die Eule ist es auch, die das Schmuckkästchen bewacht, das Aschenbrödel als einzige Erinnerung an seine Eltern wie einen Schatz hütet. Und ein Schatz ist es fürwahr, denn in ihm liegen die drei Nüsse, die alle Wünsche erfüllen und die gesamte Handlung in Gang bringen. Denn nur durch die zauberkräftigen Früchte kann sich das staubige Aschenbrödel zuerst in einen jungen Jägersmann und dann in eine verschleierte Schönheit verwandeln, die den Prinzen betört. Der will eigentlich nichts weniger als heiraten – aber Aschenbrödel belehrt ihn schnell eines besseren.
Wie im Märchen der Brüder Grimm darf das Happy End für den zur Vernunft und Liebe gekommenen Prinzen und das arme, unterdrückte Aschenbrödel natürlich nicht ganz so schnell kommen. Da ist ja schließlich noch die Stiefmutter, die lieber ihre Dora mit dem feschen Adligen ins Abendrot reiten sehen will. Am Ende landen die dicke Spinatwachtel und ihre ebenso runde und unsympathische Tochter mitsamt dem Pferdeschlitten in einem zugefrorenen See.
Aschenbrödel und ihr Prinz währenddessen reiten – wohin auch sonst – in den winterlichen Sonnenuntergang.
Der Besucher muss nun Abschied nehmen von der gräflich-märchenhaften Stimmung, die das Wasserschloss Neuenhof umgibt. Gut, dass es im nächsten Jahr eine Wiederholung geben wird.

Thomas Krumm

Reality-TV ganz ohne Bildschirm

108. Folge: Einen Tag beim Amtsgericht verbringen

111 DINGE DIE MAN IN Lüdenscheid GETAN HABEN MUSS

Richter, die bissige Bemerkungen in den Saal schleudern, Schöffen, die sich ein Grinsen nur schwer verkneifen können, Protokollführer, die entnervt ihre Schriftstücke zerreißen und in den Mülleimer werfen – wer denkt, dass es das nur in den TV-Gerichtsshows von Barbara Salesch und Alexander Holt zu sehen gibt, der hat noch nie einen Tag beim Amtsgericht am Dukatenweg 6 verbracht. Hier führen Wolfram Arnold, Jürgen Leichter, Thomas Kabus und Andreas Lyra den Vorsitz und lassen ihre Fernsehkollegen ziemlich alt und blass aussehen.
Wenn es um einen hohen Unterhaltungswert, spitzfindige Kommentare und zitierfähige Resümees geht, sind die Richter des Lüdenscheider Amtsgerichts absolute Spitzenklasse. Und auch ihre Fälle stehen denen im Fernsehn in Sachen Absurdität manchmal in nichts nach.
Wenn zwei junge Frauen um einen Mann buhlen, können schon mal die Kaffeetassen fliegen und die Haare nicht mehr in der Kopfhaut bleiben. Schön, wenn sich die Kampfhennen dann gegenseitig Feuer geben, wenn sie rauchend auf die Polizei warten, die jede von ihnen – natürlich unabhängig voneinander – zur Hilfe gerufen hat. Woran sich der ganze Streit entzündet habe, will der Richter wissen. „Ich wollte Babywäsche abholen. Die gammelte seit Tagen in der Waschmaschine vor sich hin. Das geht doch nicht“, sagt die Verflossene des Mannes, der als Objekt der Begierde beider Damen an diesem Tag vor Gericht als Zeuge erschienen ist, erbost. Der Richter teilt ihre Missbilligung und weist den Exfreund im Zeugenstand dann auch erstmal daraufhin, dass so eine Verfehlung bei der Hausarbeit nicht zu billigen sei: „Sowas tut man nicht. Wäsche lässt man nicht zwei Tage nass in der Maschine liegen. Da müssen Sie Ihre Exfreundin schon verstehen.“ In der Verhandlungspause bricht die Protokollführerin entnervt über ihren Papieren zusammen und raunt: „Und sowas muss ich auch noch aufschreiben. Unfassbar!“
Unfassbar ist auch, dass ein junger Soldat monatelang bei Manövern Übungsmunition der Bundeswehr abgezwackt hat, um sie bei Muttern im Bettkasten endzulagern. Jahrzehnte später, nach dem Tod der Mutter, muss er aus dem elterlichen Haus ausziehen. „Die Katzen habe ich unterbringen können. Aber wohin mit den Sprengköpfen?“ Sein Anwalt sieht das Positive: „Mein Mandant hätte die Munition auch in den Mülleimer werfen können. Aber das hat er nicht getan, weil er verantwortungsvoll ist.“ Das Nicken des Richters ist verhalten, seine anschließende Frage zögerlich: „Was denken Sie heute über die ganze Sache?“ „Ich war blöd“, sagt der Angeklagte. „Ich wollte das so nicht sagen. Aber da könnten Sie recht haben“, ist der Richter froh, dass der Mann Einsicht zeigt und so den ersten Schritt hin zur Besserung selbst macht.
Das Ganze kann der stille Beobachter im Saal 125 betrachten und sich bestens unterhalten fühlen – auch ganz ohne den flimmernden Bildschirm und lästige Werbeunterbrechungen.

Thomas Krumm

HEIMANN

Trends und Traditionen

109. Folge: Einen Lüdenscheider Martinszug mitmachen

Aktuelle Trends machen vor nichts halt. Nicht vor Kleidung, nicht vor Lebensmitteln und schon gar nicht vor Laternen. Kein Wunder also, dass sich die Helden von „Star Wars“, „Cars“ oder „Prinzessin Lillifee“ auch auf den Lampions wiederfinden, die ab Oktober in jedem gut sortierten Dekorations- und Schreibwarenladen der Stadt zu finden sind. Dabei sind es doch eher die selbst gebastelten Laternen, die es wert sind, am Martinstag bei Einbruch der Dunkelheit stolz durch die Nacht getragen zu werden. Und genau deshalb wird in jedem Herbst in Kindergärten, Schulen und Wohnstuben geschnippelt, geklebt und dekoriert, was Kreativität und Bastelkiste hergeben.

In der Woche rund um den 11. November ziehen sie wieder durch die Straßen und Gassen der Stadt, die Großen und Kleinen mit ihren bunten, leuchtenden Laternen, ein fröhliches Lied auf den Lippen und dicke Handschuhe an den Fingern. Früher, als die heutigen Opas und Omas noch selbst als Kinder ihre Laternen vor sich her trugen und echte Kerzen das transparente Papier durchschienen, war so ein Martinszug eine echte Herausforderung. Dass das Licht nicht erlischt, dafür sorgen heute batteriebetriebene Leuchtstäbe, die zwar weniger romantisch, dafür aber weniger windanfällig und in Sachen Brandschutz deutlich sicherer sind. Vielerorts ist aus dem Laternenzug inzwischen ein großes Martinsfest geworden, mit Lagerfeuerromantik und Würstchenstand, Kinderpunsch und Glühwein. Mancherorts ziehen mit den Laternenträgern Ross und Reiter, mitunter sogar ein Bläserkorps mit und gehören Anspiele der Martingsgeschichte zum Programm. Und meist gibt es nach dem Laternenzug die schon Wochen vorher in den heimischen Bäckereien georderten süßen Martinsbrezeln. Nur eines hat sich über die Generationen überall gehalten: die Faszination der kleinen nächtlichen Runde in der Gemeinschaft von Freunden, Familie und Klassenkameraden im Gedenken an St. Martin.

Corinna Bunte

Info:

Der Martinstag am 11. November ist der Gedenktag des heiligen Martin von Tours. Er ist in Mitteleuropa von zahlreichen Bräuchen geprägt, darunter das Martinsgansessen, das Martinssingen und eben der Martinszug. Die Legende besagt, dass St. Martin als Bischof vor den Toren seiner Stadt einen Bettler vor dem Kältetod bewahrte, indem er mit dem Schwert seinen roten Rock teilte und dem armen Mann schenkte. In der folgenden Nacht, so heißt es weiter, sei Martin im Traum Jesus erschienen, der seine Barmherzigkeit lobte. Martin trat daraufhin als Mönch in den Dienst Gottes. Aber erst einige Jahre später ließ er sich taufen und wurde 371 Bischof von Tours, dem über die Jahrzehnte viele Wunder und Heilungen zugeschrieben wurden. Er starb am 8. November 397 im Alter von 80 Jahren. Später wurde der Bischof Martin von Tours vom Papst heiliggesprochen.

„Das soziale Herz der Stadt“

110. Folge: Den Weihnachtsmarkt der guten Taten besuchen

111 DINGE DIE MAN IN Lüdenscheid GETAN HABEN MUSS

Es ist nicht ungewöhnlich, dass es am ersten Adventswochenende bitterkalt ist, stürmt, regnet oder schneit. Aber es gibt fast nichts, was die durchweg ehrenamtlich Engagierten davon abhält, am Samstag vor dem ersten Advent ihre Stände rund um die Erlöserkirche aufzubauen. Nur einmal musste der Weihnachtsmarkt der guten Taten kurzfristig wegen eines heftigen Schneesturms abgesagt werden.
Dieser Markt ist eben etwas Besonderes – an den Ständen stehen gutgelaunte Menschen, und das ganz unabhängig davon, ob das Wetter gut oder schlecht ist. Ihnen gemein ist ein Ziel: Der Erlös fließt ausschließlich in wohltätige Zwecke. Dr. Walter Wortberg und Matthias Wagner, Sprecher des Eine-Welt-Netzes Lüdenscheid, betonen, dass etwa zwei Drittel des Geldes in Lüdenscheid und Umgebung bleiben. Der Rest geht an Projekte, die von der Bergstadt aus oft bereits über einen langen Zeitraum unterstützt werden. Er ist für Kinder, Obdachlose, Selbsthilfegruppen, Menschen mit Behinderungen und internationale Hilfsprojekte gedacht.
Ein Besuch des Weihnachtsmarktes der guten Taten lohnt sich in mehrfacher Hinsicht: Es gibt fast ausschließlich selbst gemachte Dinge, bisweilen über Monate liebevoll vorbereitet. Dekorationsartikel, warme Socken oder Mützen gehören genauso zum Angebot wie andernorts. Dazu spielen Blechbläser Weihnachtslieder. Auch Glühwein, Plätzchen oder Liköre fehlen nicht. Und es gibt diesen spürbaren „Teamgeist“: zwischen Standbetreibern, zwischen Besuchern und Verkäufern.
Für viele Lüdenscheider steht ein Abstecher in die Oberstadt fest im Terminkalender. Auf diese breite Unterstützung sind Matthias Wagner und Dr. Walter Wortberg stolz. Ohne den Bürgermeister findet der Markt nicht statt, auch die Kirchen sind vertreten und Politiker fast aller Parteien kommen vorbei – neben der Vielzahl von „normalen“ Bürgern.
Für Matthias Wagner ist der Weihnachtsmarkt der guten Tagen wegen der großen Bündelung und der Vernetzung des Engagements für die gute Sache so etwas wie „das soziale Herz der Stadt“.
Der Bummel von Stand zu Stand kostet Zeit – Zeit um zu stöbern, Zeit, um zu plaudern oder sich über die Projekte zu informieren. Fast nebenbei wird das Portmonee gezückt – und hier und dort etwas gekauft. Wem's zu kalt wird, der kann sich im Gemeindezentrum der Erlöserkirche bei Kaffee und Kuchen aufwärmen und dazu Musik, beispielsweise von den Bläserklassen des Bergstadt-Gymnasiums oder von der integrativen Musikschule „grenzenlos“, und Volkstanz von den Nussknackern erleben.

Bettina Görlitzer

Info:

Seit 1990 organisiert das Eine-Welt-Netz Lüdenscheid in Kooperation mit dem Bezirk Erlöserkirche der Evangelischen Versöhnungskirchengemeinde den Weihnachtsmarkt der guten Taten. Während der ersten drei Jahre fand er auf dem Graf-Engelbert-Platz statt. Inzwischen hat er seinen Platz entlang der oberen Wilhelmstraße und rund um die Erlöserkirche.

KINDER - KALENDER

Wie ein Fest für die Sinne

111. Folge: Ein Gang über den Wochenmarkt ist mehr als nur ein Einkaufsbummel

Ein Gang über den Lüdenscheider Wochenmarkt ist wie ein Fest für die Sinne: Farben von tieflila bis leuchtend gelb, Gerüche von Fisch bis Fleisch, Geschmackserlebnisse von süßen Früchten bis zur deftigen Erbsensuppe, eine Geräuschkulisse von knisternden Plastiktüten bis zu schreienden Markthändlern sowie das Fühlen von neuen Stoffen oder Korbgeflechten – es ist dieses Zusammenspiel, das den Reiz ausmacht und zweimal in der Woche hunderte Lüdenscheider und Auswärtige ins Herz der Stadt und zu einem Bummel über den Wochenmarkt lockt.
Nicht zuletzt das breitgefächerte Angebot der gut 60 Markthändler, das kaum Wünsche offen lässt, trägt zum Erfolg der Veranstaltung bei.
Seit mittlerweile 131 Jahren bauen die Wochenmarkt-Händler an jedem Mittwoch- und Samstagmorgen ihre Waren auf – und so vielfältig das Angebot, so unterschiedlich sind auch die Stände. Während dem einen ein einfacher Tapeziertisch ausreicht, um seine Produkte an den Mann zu bringen, werden an anderer Stelle meterlange moderne Verkaufsstände aufgebaut, an denen man entlangschlendern und die Waren inspizieren kann.
Und diese sind – des leichteren Zurechtfindens halber – thematisch sortiert. Beginnt man seinen Marktbummel also aus Richtung Sternplatz kommend, so wird man zunächst von einem Meer aus Blumen und Pflanzen begrüßt: Ob gebundene Sträuße, frische Schnittblumen oder Pflanzen für Balkon und Garten – die Auswahl ist groß. Und das gilt auch für das Angebot an frischem Obst und Gemüse – immerhin ist die Zahl der Markthändler dieser Warengruppe am größten. Und weil Konkurrenz das Geschäft belebt, preisen die Händler ihre Waren an, schreien um die Wette und bieten Kostproben an – von der letzten Erdbeere der Saison bis zu Vitaminbomben wie Orangen & Co.
Weiter geht der kulinarische Spaziergang an den Milch- und Käse-Produkten sowie den frischen Eiern oder Feinkost-Spezialitäten vorbei, entlang der Fleisch- und Wurstartikel bis hin zur „Fisch-Meile“ am anderen Ende des Marktes. Und dort kommen nicht nur Hobbyköche auf ihre Kosten, sondern auch jene, bei denen sich angesichts der Appetit anregenden Köstlichkeiten der Hunger einstellt. Schlangen am Backfisch-Stand gehören zum Markt ebenso dazu wie Würstchen vom Grill, deftige Eintöpfe aus riesigen Töpfen, gegrillte Hähnchen oder die beliebten Cevapcici. Wer mittwochs oder samstags auf den Markt geht, braucht nicht zu kochen, denn hungrig muss niemand nach Hause gehen.
Und dann wären da noch jene Marktstände, deren Waren zwar nicht verzehrt werden können, die aber keinesfalls fehlen dürfen, zum Beispiel die Korbflechterei oder der Hut- und Mützenstand.
Sollte der eher unwahrscheinliche Fall auftreten, dass man tatsächlich nichts braucht, dann trifft man sich eben einfach so – mittwochs und samstags auf dem Wochenmarkt.

Kerstin Zacharias

Elf Dinge, die man in Lüdenscheid **nicht** machen sollte

1. Die Hoffnung haben, in der Bergstadt braun werden zu können – denn Sommer ist in Lüdenscheid das Ausbleiben von Schneestürmen.

2. Behaupten, Iserlohn sei viel schöner als Lüdenscheid. Schließlich glaubt Iserlohn, der Nabel des Märkischen Kreises zu sein. Dabei fängt es ja schon mit „Iiiih!“ an.

3. Den Namen der Bergstadt wie „Lüdenskeid“ aussprechen – denn man sagt ja auch nicht „Sööst“ oder „Schemmnitz“.

4. Jemals das Licht ausmachen – denn sonst ist Lüdenscheid tatsächlich die Stadt des Nichts und nicht die Stadt des Lichts.

5. Glauben, dass Lüdenscheids allererster Bürgermeister Jim Knopf hieß – nur weil der Knopf den Reichtum der hiesigen Fabrikanten begründete.

6. Mit einem Fischbrötchen vom Wochenmarkt in eines der umliegenden Lokale gehen – es sei denn, man mag böse Blicke der Bedienung und der anderen Gäste.

7. Als „Nichtmuttersprachler“ auf Sauerländer Platt daherparlieren – es sei denn, man will sich zur Lachnummer in jeder Gesellschaft machen.

8. Am Stadtfestwochenende verreisen – denn das Stadtfest ist den Lüdenscheidern heiliger als Heiligabend.

9. Ein Riesen-Krüstchen mit Bratkartoffeln vertilgen und keinen Verdauungsschnaps nachgießen – denn man sollte sich selbst eine faire Chance zum Überleben geben.

10. Lautstark den Schlager „Weit, weit, weit ist es nach Lüdenscheid“ singen – denn Johnny Hill hat das alles bestimmt nicht so gemeint.

11. Zugeben, dass man nicht weiß, dass René Carol in Lüdenscheid begraben ist. Weil der Sänger von „Rote Rosen, rote Lippen, roter Wein“ es ja tatsächlich bis Lüdenscheid geschafft hat. Irgendwie.

Die Autoren und Fotografen

Yasmin Alijah
Corinna Bunte
Bernd Eiber
Monika-Marie Finke
Willy Finke
Maike Förster
Bettina Görlitzer
Christina Grégoire
Thomas Hagemann
Jörg Hellwig
Wolfgang Kleinfeld
Thomas Köhler
Martin Kornau
Susanne Kornau
Thomas Krumm
Marc Kusche
Thomas Machatzke
Andrea Mackenbruck
Märkische Verkehrsgesellschaft
Martin Messy
Olaf Moos
Cedric Olivier Nougrigat
Björn Othlinghaus
Progress Film Berlin
Jutta Rudewig
Wolfgang Schumacher
Tim Viebahn
Thomas van de Wall
Niclas Waldheim
Lisa-Marie Weber
Kerstin Zacharias

Impressum

Herausgeber:
Lüdenscheider Nachrichten

Projektleiter:
Willy Finke und Maike Förster

Layout und Satz:
Berno E. Schulze, Seltmann Printart

Gesamtherstellung:
Seltmann Printart
Wefelshohler Straße 31
58511 Lüdenscheid
www.seltmann.de

Verlag:
seltmann+söhne
Lüdenscheid/Berlin
www.seltmannundsöhne.de

ISBN 978-3-942831-56-7

Herscheid 18
Schloß Neuenhof 3.4
Lüdenscheid 8.4